UNE SOLUTION

DE

LA QUESTION DES HOUILLES

MÉMOIRE

PUBLIÉ AU NOM

DE COIGNET PÈRE ET FILS MANUFACTURIERS

A LYON

PAR FRANÇOIS COIGNET.

Prix : 2 fr.

PARIS

C. VANIER, LIBRAIRE, ÉDITEUR, rue du Croissant, 16. | M. FRUCHARD, LIBRAIRE, PALAIS-ROYAL, galerie de Valois, 185

A LYON ET A SAINT-ÉTIENNE

Chez tous les libraires.

1854

UNE SOLUTION

DE

LA QUESTION DES HOUILLES

MÉMOIRE

PUBLIÉ AU NOM

DE COIGNET PÈRE ET FILS MANUFACTURIERS

A LYON

PAR FRANÇOIS COIGNET

Prix : 2 fr.

PARIS

C. VANIER, LIBRAIRE, ÉDITEUR, rue du Croissant, 16. | M. FRUCHARD, LIBRAIRE, PALAIS-ROYAL, galerie de Valois, 185.

A LYON ET A SAINT-ÉTIENNE

Chez tous les libraires.

1854

Le lecteur ne trouvera pas dans ce mémoire toute la concision, toute la netteté de démonstration que nous comptions lui donner; il rencontrera également de nombreuses erreurs de typographie.

Nous lui en faisons bien humblement nos excuses, tout en faisant appel à son indulgence, soit en faveur de l'importance du sujet, soit par ce motif, que nous avons dû opérer brusquement la publication de ce mémoire que nous ne comptions faire paraître que plus tard.

En effet, nous avons inopinément appris que le gouvernement s'occupait avec ardeur de la question des houilles, qu'un rapport devait être fait au premier jour au conseil d'Etat, il fallait donc paraître de suite, sous peine de perdre tout le fruit de notre travail et de nos longues réflexions.

De telle sorte que nous avons dû accomplir en quelques jours un travail de rédaction et de typographie excessif qui eût demandé plusieurs semaines pour être fait avec tout le soin nécessaire.

Nous osons espérer que l'on nous tiendra compte de la nécessité, et que l'on pardonnera à notre travail ce qu'il peut avoir d'incorrect et d'incomplet.

TABLE ANALYTIQUE DES MATIÈRES.

Il n'est pas légitime, parce qu'il est la conséquence d'une usurpation accomplie sur le droit de propriété de la société sur les houillères, lesquelles doivent rentrer dans le domaine public, p. 39.

II.

DES MOYENS PROPOSÉS POUR AMENER LE BAS PRIX DE LA HOUILLE.

Une partie de ces moyens a pour base le maintien du monopole, l'autre a pour point de départ sa dissolution, p. 57.

MAINTIEN DU MONOPOLE. — DÉCRET CONTRAIGNANT LA COMPAGNIE DES MINES DE LA LOIRE A AUGMENTER L'EXTRACTION DE LA HOUILLE.

Le gouvernement, supposant que le haut prix de la houille provenait d'une pénurie, a voulu faire cesser la pénurie par son décret.

Mais ce décret demeurera sans effet, car la Compagnie, pouvant emmagasiner, au besoin, toute la quantité qu'elle aura été obligée d'extraire, maintiendra la pénurie, p. 59.

MAINTIEN DU MONOPOLE.

ENTRÉE EN FRANCHISE DES HOUILLES ÉTRANGÈRES.

L'entrée des houilles étrangères ne fera point diminuer les prix, la concurrence étant impossible, à cause des distances et des frais de transport.

Le monopole, malgré cette entrée en franchise, vendra la houille d'autant moins cher qu'elle coûtera plus.

Mais aussi il la vendra d'autant plus cher qu'elle coûtera moins, p. 64.

DES EXPÉDIENTS PROPOSÉS PAR LA COMPAGNIE DES MINES DE LA LOIRE.

Ces expédients n'ont eu pour but que d'égarer l'opinion publique, et d'étouffer l'énergie des réclamations et des plaintes qu'elle a soulevées, p. 82.

DISSOLUTION DU MONOPOLE.

EXPLOITATION PAR L'ÉTAT.

L'Etat exploitant les mines de houille, ce serait la substitution d'un nouveau monopole à celui qu'on aurait détruit.

Le prix de la houille ne diminuerait pas, p. 93.

V

DISSOLUTION DU MONOPOLE.

RETOUR A L'ANCIEN RÉGIME DES CONCESSIONS MORCELÉES.

Le retour à l'ancien régime et l'annulation, pure et simple, de tous les faits accomplis, est impossible.

En outre, ce retour ne serait point une solution définitive, puisque probablement il ne ramènerait pas les bas prix de la houille, p. 97.

III.

UNE SOLUTION DE LA QUESTION DES HOUILLES.

Position du problème, une solution pour être bonne doit résoudre toutes les difficultés, et réunir tous les avantages, conformément aux principes admis de la science, et aux lois de l'équité p. 109.

PROJET PRÉSENTÉ.

Ce projet demande la dissolution du monopole.

L'expropriation pour cause d'utilité publique de tous les possesseurs actuels du bassin de la Loire.

La concentration de toutes les anciennes concessions en plusieurs groupes.

La mise en adjudication, aux enchères publiques, de chacun de ces groupes, moyennant un cahier des charges stipulant toutes les garanties en faveur de l'intérêt général.

Il demande que la concession d'un groupe ne fût accordée qu'au soumissionnaire qui, pendant toute la durée de la concession, s'engagerait à ne pas vendre la houille au-dessus d'un prix déterminé.

L'adjudication serait donnée au surenchérisseur qui proposerait les plus bas prix, p. 111.

DU PAYEMENT DE L'INDEMNITÉ STIPULÉ PAR LE JURY D'EXPROPRIATION.

Ce payement pourrait être opéré moyennant un traité passé, soit avec le crédit foncier de France, soit de préférence avec la banque de France, p. 121.

LE MODE QUE NOUS PROPOSONS ASSURE-T-IL LE BAS PRIX DES HOUILLES ET SA STABILITÉ.

Le bas prix de la houille doit résulter de la réorganisation de l'exploitation des houillères sur de nouvelles bases.

La fixité du bas prix doit provenir de l'engagement que souscriraient les futurs concessionnaires de ne pas vendre la houille au-dessus d'un prix déterminé par eux-mêmes, et pendant toute la durée de la concession, p. 127.

LE MODE QUE NOUS PROPOSONS EST CONFORME AU PRINCIPE DE LA LIBERTÉ.

La liberté des transactions demeurerait complètement respectée puisque les concessions futures de mines de houille ne seraient accordées que sur la soumission librement présentée par les postulants eux-mêmes.

En outre, parce que l'adjudication une fois prononcée, ce concessionnaire n'aurait à supporter d'autres obligations que les clauses et conditions stipulées dans le cahier des charges, qu'il était parfaitement libre d'accepter ou de repousser, p. 133.

LE MOYEN PROPOSÉ SAUVEGARDE TOUS LES INTÉRÊTS LÉGITIMES.

Ce moyen sauvegarde l'intérêt légitime des possesseurs actuels moyennant l'indemnité, résultant de l'expropriation forcée pour cause d'utilité publique.

L'intérêt des extracteurs futurs est garanti par la liberté de soumissionner ou non.

L'intérêt de la consommation est garanti par le bas prix et par sa fixité, p. 139.

LE MODE PROPOSÉ RÉUNIT TOUS LES AVANTAGES DE L'ASSOCIATION ET DE L'INDUSTRIE MORCELÉE.

La réunion de plusieurs des anciennes concessions morcelées en un groupe suivant les convenances géologiques et commerciales, constituerait un faisceau de forces assez puissant pour réaliser en pratique tous les bienfaits reconnus de l'association.

Le mode que nous proposons ajouterait aux avantages de l'association, le concours énergique de l'intérêt privé, et tous les avantages résultant de la libre concurrence, p. 142.

IV.

DU MOYEN D'EMPÊCHER LES EXTRACTEURS DE HOUILLE D'EXPLOITER LES BESOINS DE LA CONSOMMATION.

Les extracteurs de houille ne doivent toucher pour la vente de la houille que le prix maximum qu'ils auront eux-mêmes librement accepté au moment de l'adjudication.

Si, par une cause quelconque, le prix de la houille venait par impossible à dépasser cette limite, toute la différence pouvant exister entre cette limite et le prix de vente, serait perçue par le gouvernement, pour être appliquée soit à la création de moyens nouveaux d'extraire une plus grande quantité de houille, afin de rétablir l'équilibre entre la production et la consommation, soit au dégrèvement de l'impôt.

La hausse du prix des produits est le procédé employé par la consommation pour indiquer quels sont ceux de ces produits dont elle a le plus besoin, p. 150.

CONCLUSION.

AUX MANUFACTURIERS, AUX CONSOMMATEURS DE HOUILLE.

Invitation aux manufacturiers de s'unir entre eux pour résister au monopole, sous peine de le voir s'emparer avant peu d'années de toutes les industries, et réduire les industriels actuels au servage, à la ruine, et à la misère, p. 160.

AUX TRAVAILLEURS EXERÇANT A DOMICILE LA PETITE INDUSTRIE.

Il ne doit exister aucune différence dans le prix des houilles qu'il s'agisse de la grande ou de la petite industrie.

La houille doit avoir un prix unique pour tous, sur le carreau de la mine, quelle que soit l'importance, considérable ou modique de la consommation, p. 163.

D'UN PROJET ATTRIBUÉ AU GOUVERNEMENT DE PARTAGER LE BASSIN HOUILLER DE LA LOIRE EN SIX GROUPES.

Quel que soit le nombre des concessions, qu'il soit de six, de dix, de cent, le prix de la houille ne diminuera pas, tant que les houillères demeureront une propriété individuelle.

FIN DE LA TABLE.

AVIS AUX LECTEURS.

En joignant notre voix à toutes les plaintes qui s'élèvent contre la Compagnie des Mines de la Loire, en protestant à notre tour contre le monopole, nous ne cherchons pas à augmenter l'agitation que cette importante question imprime à l'opinion publique, nous cherchons bien moins encore à attirer sur nous l'attention, nous en comprenons trop bien l'inconvenance et les dangers.

Nous n'avons point non plus l'intention d'exciter contre la Compagnie des Mines de la Loire et contre ses actionnaires, les haines, les colères, les passions des victimes du monopole.

Car nous reconnaissons bien franchement que cette Compagnie en se fondant, en se développant, en augmentant le prix de la houille, n'a obéi en ceci qu'à son intérêt privé, et en le faisant elle n'est ni plus ni moins coupable que tous les autres membres de la société humaine qui, après tout, n'écoutent pas d'autre guide.

Nos plaintes accuseraient plutôt l'inertie de cette

société qui, laissant péricliter son droit entre ses mains ne sait pas se garantir des exactions de l'intérêt privé.

Elles s'adressent aussi à l'insuffisance des moyens proposés jusqu'à ce jour pour remédier aux abus du monopole.

Le lecteur ne doit donc pas se méprendre sur nos intentions; s'il trouve dans ce mémoire quelque parole vive, quelques récriminations trop amères, elles ne s'adressent point aux hommes eux-mêmes, mais à l'état de choses dont nous avons à nous plaindre.

Nous n'eussions pas mieux demandé que de nous taire, mais les souffrances qui nous sont infligées par le haut prix de la houille, sont devenues si intolérables, sont si menaçantes pour notre industrie qu'il nous a été impossible de les supporter plus longtemps.

Nous avons supporté notre mal, tant que nos forces nous l'ont permis, mais aujourd'hui nous sommes débordés, nous sommes acculés dans nos derniers retranchements.

La hausse qui a eu lieu depuis six mois, celles qui ne manqueront pas de se produire, si le monopole parvient à se consolider, ne nous permettent pas de garder plus longtemps le silence.

Déjà la hausse nous interdit, dès ce moment, la fabrication de certains de nos produits ; qu'il s'en produise encore une nouvelle, et nous serons obligés de fermer nos manufactures, et d'abandonner une industrie que nous avions pu amener à un état assez incontestable de perfection et de prospérité, pour que nous ayons pu obtenir la médaille d'argent à l'exposition de l'industrie française de 1849, et deux mentions à l'exposition de Londres.

Nous ne pouvons prévoir cet abandon sans éprouver une douleur bien légitime.

Voilà pourquoi, après un silence de dix ans, nous nous sommes décidés à attaquer le monopole, au risque d'encourir ainsi des haines implacables, et d'irriter contre nous de puissantes influences.

Mais le mal est arrivé pour nous à un tel excès, qu'il nous paraît difficile que la haine, même la plus ingénieuse, puisse y rien ajouter.

D'ailleurs, si le parti que nous prenons soulevait contre nous une lutte inégale, nous osons compter sur la protection de l'autorité qui ne laisserait pas sacrifier une industrie importante, et qui emploie plusieurs centaines d'ouvriers.

Dans cette entreprise, nous comptons aussi sur le concours et l'appui de tous les industriels, petits et grands, qui tous sont atteints comme nous par le monopole.

Nous pensons bien qu'ils ne nous abandonneront pas, et qu'ils nous aideront par leurs efforts à obtenir du gouvernement la réparation qui nous est due.

Espérons que nos efforts ne seront pas perdus, et que la houille, revenant à ses anciens prix, nous permettra à tous de rétablir l'ancienne prospérité industrielle des contrées qui relèvent du bassin houiller de la Loire.

UNE SOLUTION

DE

LA QUESTION DES HOUILLES.

EXPOSÉ DE LA SITUATION.

INTRODUCTION.

Depuis dix ans, une Société puissante s'est formée, sous le nom de Compagnie des Mines de la Loire. Cette société a acheté la plupart des concessions houillères du bassin de la Loire. Réunissant toutes ces concessions en une seule exploitation, elle a formé un monopole opérant l'extraction, le transport et la vente de la houille (1); et elle a pu, par ce moyen, élever à son gré et progressivement, chaque année, depuis sa fondation jusqu'à ce jour, le prix de la houille, à ce point qu'elle la vend aujourd'hui trois fois plus cher qu'il y a dix ans.

Et, comme le monopole est insatiable, il est évident que la hausse continuera, et que les prix s'élè-

---

(1) La compagnie des Mines de la Loire se défend énergiquement d'avoir fondé un monopole, car elle comprend bien, s'il était jamais bien nettement prouvé qu'elle en a créé un, elle

veront jusqu'au point où la consommation, à force de se restreindre, ne lui permettra plus une extraction suffisante.

Toutes les provinces de l'est de la France sont mises en émoi par cet état de choses; une agitation profonde, et qui prend toutes les proportions d'un événement politique, s'empare de tous les esprits, parce que les souffrances qui sont déjà résultées de la création du monopole houiller dépassent, dès ce moment, la patience et les forces de la popu-

---

aurait contre elle la lettre de la loi et la réprobation publique. Elle prétend que, pour fonder un monopole, il eût fallu qu'elle eût acheté toutes les concessions du bassin houiller de Loire, sans exception; mais que du moment qu'il existe en dehors d'elle un certain nombre de concessions dissidentes, elle n'est point un monopole, et, par conséquent, elle est hors des atteintes de la loi, et elle ne mérite pas l'injuste réprobation qu'elle soulève.

Nous ne savons ce que pensent les légistes et jurisconsultes de cet argument, mais nous devons avouer qu'à nos yeux il n'est qu'une subtilité de la part de la Compagnie pour échapper au coup de loi, et pas autre chose.

Il se peut que, par rapport à l'intégralité du bassin houiller, la Compagnie ne soit pas à la lettre un monopole, puisqu'il y a des dissidents, mais il nous semble que, par rapport au nombre considérable de concessions qu'elle a accaparées, elle a bien réellement et littéralement formé un monopole, puisqu'elle a réuni en une seule main l'extraction, le transport et la vente de plus des deux tiers de la quantité totale de houille livrée à la consommation.

Et sur ce point, le bon sens public, qui ne tient pas compte des subtilités, ne s'y est pas trompé, et dès les premiers jours il a bien reconnu que la Compagnie avait fondé un monopole, car lation, et que l'avenir en réserve de plus cruelles encore.

En effet, cette élévation du prix de la houille est une cause de ruine certaine et imminente pour toutes les industries qui, de temps immémorial, se sont créées à proximité du bassin houiller de la Loire, afin de profiter, par ce voisinage, de l'abondance et du bas prix de la houille, ce pain de l'industrie.

Cette condition de succès, qui paraissait assurée, est aujourd'hui complétement anéantie par le fait

---

il a immédiatement ressenti tous les funestes effets, tous les symptômes que le monopole seul peut engendrer.

En affirmant que la Compagnie des mines de la Loire a fondé un monopole, malgré qu'elle n'ait point acheté la totalité des concessions, nous sommes en cela d'accord avec la loi elle-même et avec les idées généralement reçues, car voici ce que nous trouvons dans le Dictionnaire de l'Economie politique.

« Le mot monopole reçoit en économie politique une accep- » tion beaucoup plus large que celle indiquée par son étymolo- » gie ; il ne s'applique pas seulement aux cas assez nombreux » où la faculté de vendre est réservée à un seul, mais à toutes » les situations où la production et la vente, sans être l'apanage » exclusif d'un seul, n'admettent qu'une concurrence restreinte » par des causes naturelles ou artificielles.

» Il y a des monopoles résultant de l'appropriation privée de » certains agents naturels, tels que les fonds de terre et les » mines. Nous nommerons ceux-ci monopoles fonciers.

» Il y en a qui se produisent par l'organisation de certaines » branches de travaux en vastes entreprises, s'appliquant à » rendre impossible la concurrence des petits établissements » rivaux. Nous proposons pour ceux-ci la dénomination de mo- » nopole de concentration. »

du monopole; la pénurie a remplacé l'abondance, la hausse a succédé au bas prix, tant et si bien, que l'industrie des contrées qui relèvent du bassin houiller de la Loire, ne pouvant plus livrer ses produits à bon marché, ne peut soutenir la concurrence, soit de l'étranger, soit des autres parties de la France, où la houille n'a point augmenté dans la même proportion.

Mais les industriels ne sont pas seuls atteints et menacés, les classes ouvrières le sont bien plus durement encore.

Les ouvriers sont directement atteints, soit comme travailleurs employant la houille pour de menus travaux en nombre infini (armurerie, clouterie, maréchalerie, serrurerie, etc., etc.), soit comme simples consommateurs de houille s'employant à leur chauffage ou à celui de leurs familles.

Chacun de ces ouvriers gagne un faible salaire, à peine suffisant pour soutenir leur existence, salaire trop restreint que l'élévation du prix de la houille vient encore réduire, et cela au moment où l'hiver apporte son cortége ordinaire de chômages et de souffrances, et où la disette de toutes les denrées sévit le plus cruellement.

A ce point de vue, le haut prix de la houille devient un vrai fléau, une calamité publique.

Les ouvriers sont encore indirectement atteints en ce sens que la hausse du prix de la houille ne peut avoir lieu sans amener une hausse correspondante du prix des produits manufacturés.

Une augmentation du prix des produits ne peut s'accomplir sans que la consommation diminue.

La consommation ne peut diminuer sans ralentir la production.

La production ne peut se ralentir sans amener à la suite les chômages ou tout au moins l'avilissement des salaires, chômages et avilissement des salaires qui retombent encore de tout leur poids sur la classe ouvrière.

Puisque le monopole est la cause de tant de maux, comment se fait-il que le gouvernement, qui tient tant à l'affection des classes laborieuses, tolère depuis si longtemps un des plus grands obstacles qui s'opposent aux bons effets de sa sollicitude pour les intérêts du travail et de l'industrie?

C'est, il faut bien le reconnaître, que la question houillère est hérissée de mille difficultés.

En effet, pour dissoudre ce monopole, il faut en avoir le droit, il faut avant tout qu'il soit bien prouvé qu'il est illégitime ou illégal.

Or, sur ce seul point les adversaires ou les défenseurs de la Compagnie ont entassé tant d'affirmations et de textes de lois; la légitimité et la légalité du monopole ont trouvé pour et contre tant d'avocats également ardents, habiles et convaincus, que la question est devenue chaque jour plus embrouillée, si bien qu'il est difficile aujourd'hui de savoir bien nettement à quoi s'en tenir.

C'est dans l'espoir d'arriver à une solution satisfaisante et définitive que nous apportons ici le tribut de nos efforts. Puissions-nous avoir jeté quelque lueur sur un sujet qui, de l'aveu de tous ceux qui l'ont étudié, offre des difficultés presque inextricables.

Mais fût-on bien assuré que le monopole est illégitime et illégal, en eût-on opéré la dissolution, que l'on n'aurait encore résolu que la moindre difficulté; il resterait encore à prouver et à appliquer un mode d'organisation pour l'exploitation des mines, qui, tout en respectant les droits légitimes et les principes incontestés de la science économique, produisît tous les bons résultats que la population réclame.

On conçoit donc l'hésitation du gouvernement devant un problème qui touche de si hauts et de si nombreux intérêts, et qui revêt toute l'importance d'une question sociale.

Et pourtant il faut se prononcer : l'indécision n'est plus possible.

Dans l'intérêt de la consommation, dans l'intérêt de l'industrie, dans l'intérêt des capitalistes eux-mêmes qui sont engagés dans la Compagnie des mines de la Loire, le monopole doit être reconnu et par conséquent protégé, ou bien, sans tarder plus longtemps, il doit être renversé.

I.

DÉSASTREUSES CONSÉQUENCES

DE LA

HAUSSE DU PRIX DE LA HOUILLE.

SIMPLE HISTOIRE DE MANUFACTURIERS AUXQUELS LA HAUSSE DU PRIX DE LA HOUILLE FAIT PERDRE ACTUELLEMENT PLUS DE QUATRE-VINGT MILLE FRANCS PAR AN, APRÈS LEUR AVOIR FAIT PERDRE, DEPUIS DIX ANS, PLUS DE QUATRE CENT MILLE FRANCS.

Nous sommes fabricants de produits chimiques à Lyon.

Nous sommes à la tête de deux manufactures importantes, qui emploient plus de deux cents ouvriers.

Nous consommons environ deux cent cinquante hectolitres de houille chaque jour.

Grâce aux conditions favorables de la localité lyonnaise, parmi lesquelles nous mettions au premier rang la proximité du bassin houiller de la Loire, proximité qui semblait nous assurer à jamais l'abondance, le bas prix et la bonne qualité de la houille, nous avions pu établir des produits de bonne qualité à des prix très-modérés, et développer notre industrie de manière à nous ouvrir, pour ainsi dire, le marché du monde.

Devant nous s'offrait alors une brillante carrière industrielle, juste prix de nos efforts persévérants, lorsqu'une cause tout à fait imprévue et complétement en dehors de notre action est venue mettre un terme à notre prospérité, paralyser nos travaux et menacer notre avenir.

Le prix de la houille qui entre pour un chiffre si considérable dans le prix de revient de nos produits, le prix de la houille, par des causes que nous examinerons tout à l'heure, a augmenté des trois quarts depuis dix ans.

Or, tant que la houille, a été à bas prix, nous avons pu lutter avec avantage, aussi bien contre l'étranger qu'avec nos concurrents de l'intérieur de la France. Mais aujourd'hui que le prix de la houille s'est si démesurément accru, la lutte nous devient impossible : nous ne pouvons plus maintenir les prix modérés qui avaient fait la fortune de nos produits, sans subir des pertes énormes. Nous nous trouvons dans cette cruelle alternative, ou de marcher rapidement à une ruine certaine et inévitable si nous nous obstinons à soutenir la lutte, ou de tomber dans une ruine immédiate si nous cessons de produire ; car tout ce que nous possédons, ce que nous avons légitimement gagné par notre travail étant transformé en usines et en ustensiles, tout cet avoir considérable perdra sa valeur du moment que nous cesserons de travailler.

Ruine certaine, inévitable et prochaine, si nous continuons de travailler ! ruine immédiate et irréparable si nous nous arrêtons, tel est le sort que la hausse de la houille nous a fait, tel est le sort qui attend toutes les industries qui relèvent du bassin de la Loire.

Ce que nous disons ici n'a rien d'exagéré et se trouve en tout point conforme à la plus exacte vérité. Rien n'est plus facile à prouver :

Il y a une dixaine d'années environ, nous payions alors la houille menue du bassin de Rives-de-Giers, et de première qualité, 40 centimes l'hectolitre, prise sur le carreau de la mine, autrement dit sur le lieu même de l'extraction (1).

Cette houille menue nous revenait, rendue à Lyon, au maximum, à 80 centimes l'hectolitre.

---

(1) Le lecteur ne doit pas ignorer qu'il existe plusieurs qualités de houille, classées d'après le brisement produit par l'extraction.

C'est ainsi qu'il y a de la houille en très-gros morceaux, portant dans nos contrées le nom de Pérat.

De la houille en morceaux de moyenne grosseur, nommés Grèles et Grelassons;

Et enfin, de la houille en poudre, dite menue.

Il n'est question dans notre Mémoire que de cette houille dite menu, parce que c'est la seule qualité que nous consommions

Aujourd'hui, nous payons la même houille 1,35 l'hectolitre sur le carreau de la mine ; elle nous revient à Lyon à 1,75.

Soit une augmentation de près de 1 franc par hectolitre.

Or, comme nous en consommons 250 hectolitres chaque jour, c'est une perte quotidienne pour nous de 250 fr.

Soit pour une année, une perte de 80,000 fr. (1).

Perte réelle, perte sèche, irréparable, et dont nous sommes prêts à fournir toutes les preuves.

Mais comme la hausse ne date pas d'hier, et qu'elle a commencé il y a dix ans, en 1844, nous pouvons affirmer qu'en moyenne elle nous a fait perdre chaque année 40,000 fr., soit depuis dix ans, plus de 400,000 francs.

---

et par conséquent dont nous puissions parler avec une autorité incontestable, et parce que c'est celle dont il se consomme en général la plus grande quantité.

Mais nous sommes en position d'affirmer que le prix des autres qualités de houille n'a pas moins augmenté depuis dix ans, que le prix de la houille menue.

C'est ainsi qu'à Lyon, le Pérat et le Grêle sont montés de 2,25 les 100 kilos, à 3,50, pendant que le cocke montait de 2,50 à 4,25.

Soit une augmentation de 1,25 à 1,75 par 100 kil,

(1) Afin de n'être pas taxés d'exagération lorsque nous affirmons que le prix auquel la houille se vend aujourd'hui nous fait perdre quatre-ving-mille francs par an, nous croyons utile de soumettre au lecteur l'extrait suivant d'un mémoire publié en

De telle sorte que, sans la hausse de la houille, de deux choses l'une, ou notre fortune se serait ac-

---

1847, époque à laquelle la houille n'avait encore augmenté que de 50 à 60 pour 100.

Renseignements fournis par MM. Neuvesel, Joseph Raspiler et B. Guenin, propriétaires de verreries à Givors (Rhône).

« Notre consommation en charbon menu pour quatre fours de » verrerie, est annuellement en moyenne de 130,000 hectolitres.

» Il résulte des livres de notre commerce que du 1er janvier » au 31 décembre 1845, nous avons reçu :

» De Saint-Etienne, 2,500,000 kilo menu à 40 c.	10,000 fr.
» De Rive-de-Gier, 9,200,000 à 60 c.	59,800
» Total,	69,800 fr.

» Du 1er janvier au 31 décembre 1846 :

» De Saint-Etienne, 2,500,000 kil. à 60 c.	16,250 fr.
» De Rives-de-Gier, 9,200,000 à 85 c.	78,000
» Total,	94,250 fr.

» La consommation de 1846 a donc coûté 24,650 fr. de plus » que celle de 1845.

» Une nouvelle augmentation de 30 c. présenterait un nouvel » excédant de 35,100 fr.; si elle était de 50 c., 58,500 f.

» Soit, comparativement au prix de 1845, une différence de » 83,150 fr.

Or, comme la houille menue n'a pas seulement augmenté de 70 c. par hectolitre depuis 1845, mais bien de 1 fr. environ, il en résulterait que M. Neuvesel et Compagnie qui, dans le plus grand écart de leur imagination, n'avaient prévu qu'une différence de 83,150 fr., en sus de leur dépense de 1845, seraient obligés de payer aujourd'hui une différence de 130,000 fr., puisqu'ils consomment 130,000 hectolitres de houille.

Il n'est donc pas étonnant que nous perdions 80,000 fr., puisque nous consommons 80,000 hectolitres.

crue de 400,000 francs, ou plus probablement nous aurions diminué encore le prix de nos produits, ce qui aurait permis à notre industrie d'atteindre tout le développement dont elle était susceptible.

Puisque la hausse de la houille a coûté à une seule industrie 400,000 fr. en dix ans, il est facile de faire le compte de ce qu'elle a coûté à l'industrie générale qui relève du bassin houiller de la Loire.

L'extraction totale du bassin houiller de la Loire fournit annuellement à la consommation vingt millions au moins d'hectolitres de houille.

En admettant pour ces vingt millions la moyenne de 50 c. d'augmentation par hectolitre depuis dix ans, moyenne qui nous a fait perdre à nous 400,000 fr., nous trouvons que la hausse a coûté chaque année à la consommation dix millions de francs : CENT MILLIONS DEPUIS DIX ANS.

Quelle ne serait pas la splendeur industrielle de toutes ces contrées si cette somme énorme, au lieu de passer en pure perte en achat de houille, avait été employée au développement de l'industrie.

Un proverbe dit que les maux vont toujours en troupe, c'est le cas qui se présente ici :

Autrefois, quand la houille ne valait que 40 c. l'hectolitre, nous pouvions à ce prix nous procurer les houilles de première qualité, et choisir celles dont la nature convenait le mieux à nos travaux ;

aujourd'hui nous payons 1 fr. 35, et non-seulement nous ne pouvons plus choisir les houilles qui nous conviendraient, mais encore nous n'obtenons plus que des houilles de basse qualité.

Cet état de choses crée pour nous une nouvelle source de pertes infiniment considérables; car, parmi les diverses qualités de houille, les unes sont dures au feu, les autres sont bitumineuses, leur combustion est plus ou moins rapide; la quantité de calorique est plus ou moins intense, la flamme est plus ou moins longue; on conçoit donc que certains travaux demandent plus particulièrement les unes ou les autres de ces qualités, et qu'on emploiera plus ou moins de houille; que le travail sera plus ou moins parfait, selon que l'on emploiera ou non la qualité la plus convenable.

Eh bien! aujourd'hui le monopole des mines de la Loire nous force à employer les qualités qu'il lui plaît de nous livrer; nous ne pouvons plus choisir, nécessité gênante, onéreuse, car nos travaux en souffrent, et nous sommes obligés, pour obtenir le même résultat, de consommer une beaucoup plus grande quantité de houille.

Ce n'est pas tout encore, la Compagnie des mines de la Loire ne s'est pas contentée d'augmenter les prix, ainsi que nous venons de le voir; elle a jugé que l'industrie pouvait encore supporter une plus forte charge; elle a imaginé de vendre la mauvaise houille au prix de la bonne, et voici comment elle s'y prend : elle a cessé de vendre la houille sur le carreau de la mine, du moins elle l'a fait pour le consommateur lyonnais.

Elle lui vend directement la houille rendue à Lyon, mais au lieu, comme autrefois, de livrer autant de qualités qu'il y avait de concessions, elle garde ses bonnes houilles pour faire du coke, et elle ne laisse plus à l'industrie lyonnaise qu'un mélange unique de toutes les plus mauvaises qualités du bassin houiller.

Par ce moyen, elle s'arrange pour vendre 1,35 l'hectolitre certaines qualités de houille qui, il y a dix ans, ne trouvaient pas acquéreur à 30 centimes.

Aussi qu'arrive-t-il? C'est que non-seulement l'industrie paye les houilles 1,35 qu'elle ne payait autrefois que 40 centimes, mais encore, comme cette houille se trouve de très-mauvaise qualité, il faut en consommer une quantité beaucoup plus considérable. Quant à nous, nous évaluons à 50 hectolitres par jour la quantité de houille que cette mauvaise qualité nous force à consommer de plus que nous ne devrions.

Et nous ne craignons pas d'affirmer que la mauvaise qualité jointe à la hausse de 1 franc par hectolitre nous met en perte annuelle d'une somme bien supérieure à celle de 80,000 francs que nous n'avons posée que par esprit de modération.

Après avoir signalé des pertes aussi considérables, c'est à peine si nous osons parler d'une autre charge qui retombe sur le consommateur.

Il y a dix ans, la houille se vendait payable à six mois de terme, ou au comptant moyennant 3 p. 0|0 d'escompte.

Depuis cette époque, et jusqu'à l'année dernière, les acheteurs ne pouvaient plus obtenir que trois mois de terme ou 2 p. 0|0 d'escompte.

Enfin, depuis bientôt un an, il n'y a plus ni terme ni escompte, ce qui non-seulement augmente en définitive le prix de la houille de 3 p. 0|0, mais encore apporte, par la suppression du terme, une nouvelle entrave à l'industrie, qui s'est vue dans la nécessité d'augmenter son fonds de roulement.

Nous ne prenons pas aujourd'hui le dangereux parti de la publicité sans avoir essayé de lutter autrement contre les conditions onéreuses que nous faisait la hausse de la houille.

En effet, les houilles ayant déjà subi une hausse considérable, nous devions espérer que cette hausse n'irait pas plus loin ; nous étions confirmés dans cette espérance soit par les déclarations de la Compagnie elle-même, qui cherchait à rassurer l'industrie et à prévenir ses justes plaintes en lui laissant croire que les prix ne s'élèveraient pas davantage, soit parce que le bon sens nous disait qu'il était de l'intérêt même du monopole de mettre des bornes à sa propre rapacité, afin de ne pas exciter des oppositions trop violentes.

Guidés par cet espoir, nous prîmes, il y a un an, un parti héroïque ; nous nous décidâmes à sacrifier tous nos appareils de chauffage, et nous en établîmes de nouveaux au moyen desquels nous devions obtenir une économie considérable dans la quantité de houille consommée.

Au moyen de ce sacrifice énorme, car il nous a coûté plus de 50,000 francs, nous avons obtenu réellement une économie d'une vingtaine de mille francs, mais à peine avions-nous terminé nos changements qu'une hausse nouvelle, plus considérable et plus imprévue encore que les autres, est venue une fois encore déjouer toutes nos prévisions.

Le prix de la houille, qui, suivant les promesses du monopole, ne devait plus augmenter, s'éleva, en moins de six mois, de 45 centimes par hectolitre, c'est-à-dire que la houille, qui nous coûtait il y a moins d'un an, 1,30 centimes l'hectolitre, rendue à Lyon, nous coûte aujourd'hui 1,75.

Cette hausse énorme nous enleva tout le fruit de nos dépenses.

Nous comptions avoir économisé 20,000 fr., la hausse nous en enlevait 30, de telle sorte que le sacrifice de notre matériel n'avait eu d'autre résultat pour nous que de diminuer notre avoir de plus de 50,000 fr., et au lieu de voir augmenter nos bénéfices de tout ce que nous aurions pu économiser, nous vîmes accroître nos pertes de plus de 10,000 fr. par an.

Il est vrai que, grâce à cette dépense, nous avons pu éviter de fermer nos ateliers, ce qui fût inévitablement arrivé si nous avions eu à supporter la hausse tout entière.

Mais ce moyen ne peut se renouveler une seconde fois, et une nouvelle hausse nous trouverait complétement désarmés.

Avant de nous décider à faire appel à la publicité, nous avons adressé nos plaintes à la Compagnie. Voici ce qui nous a été répondu :

1° La hausse du prix de la houille ne vous atteint pas, car vous augmentez le prix de vos produits de tout le montant de la hausse ;

2° La hausse du prix de la houille est un bienfait pour vous, puisqu'elle vous a forcés au progrès ;

3° Nous profitons du droit du plus fort, et si nos prix ne vous conviennent pas, portez vos usines ailleurs.

Ces allégations étranges sont aussi erronées que hardies.

Non, il n'est pas vrai que nous ayons été indemnisés de la hausse du prix de la houille par la hausse du prix des produits ; il eût fallu, pour cela, que le prix des produits rivaux de notre industrie eussent augmenté dans la même proportion.

Or, nous sommes en mesure de prouver que loin d'augmenter, en même temps que le prix de la houille s'élevait, le prix de nos produits n'a pas cessé d'aller en diminuant, du moins ceux qui exigent justement la plus grande quantité de houille, et nous affirmons, de la manière la plus catégorique, que nous n'avons pu résister à ce double mouvement de hausse de la houille et de baisse des produits, que par des miracles d'industrie désormais impossibles, car nous sommes à bout de progrès, et nous nous reconnaissons vaincus si nous avons encore à supporter une nouvelle hausse que tout annonce pour une époque assez rapprochée.

Dans quel état de détresse doivent donc se trouver ces industries anciennes où nul progrès n'a pu être accompli, si nous sommes arrivés à cet état d'épuisement, nous qui, depuis dix ans, avons pu en réaliser de si considérables?

Quant aux bienfaits de la hausse nous forçant au progrès, de quel droit nos singuliers bienfaiteurs, qui nous ont enlevé 400,000 fr. depuis vingt ans, prétendent-ils nous forcer au progrès en s'enrichissant à nos dépens? De qui en tiennent-ils la misssion?

Et d'ailleurs cet argument, dont nous avons fourni les armes, ne peut s'appliquer qu'à de rares industries, et quand il s'applique à ce nombre immense de petites industries sans progrès possible, il devient une ironie cruelle; et pour ceux qui les exercent, une hausse de la houille, c'est le pain arraché aux familles, c'est la ruine, c'est la misère en permanence.

Il est une ironie plus abominable encore, c'est la proposition qu'on nous fait, si nous ne sommes pas contents, d'emporter nos usines ailleurs.

Comment! depuis des siècles, des industries sans nombre, comptant à bon droit sur le maintien du bas prix de la houille, se sont établies dans les contrées avoisinant le bassin houiller de la Loire;

Un nombre immense d'usines emploient plusieurs cent mille ouvriers;

Leur fondation a coûté plusieurs milliards à ceux qui les exploitent.

Et parce qu'il a plu à quelques capitalistes de s'emparer de la richesse commune de la houille, tous ces milliards doivent être perdus, tous ces industriels doivent être ruinés, tous ces ouvriers doivent mourir de faim!

Allons donc! On se demande si c'est sérieusement que le monopole exige, en holocauste, la ruine universelle.

Un pareil argument tient de la folie, et pourtant, il faut le reconnaître, cette folie trouve pour complices certains théoriciens qui se croient des hommes sérieux, et qui ne s'aperçoivent pas qu'une doctrine qui conduit à de si singulières conséquences, doit être une doctrine fausse, et qu'il faut abandonner.

Car, si l'on y persiste, si le monopole peut continuer d'extorquer, ainsi qu'il le fait déjà, tous les fruits du travail, on reverra le triste spectacle d'un peuple industriel émigrant devant ses exactions.

La hausse du prix de la houille donnera à la France une nouvelle édition des maux produits autrefois par la révocation de l'édit de Nantes.

Que cette hausse se maintienne, qu'elle se consolide, et l'industrie de l'est de la France, poussée à bout par ces dragonnades d'une nouvelle espèce, émigrera en masse, et ira chercher, après avoir abandonné ses usines devenues ruineuses, et ses masses d'ouvriers désormais voués à la famine, des contrées moins inhospitalières où le travailleur du moins ne se verra pas arracher le fruit de ses labeurs par un monopole insatiable.

L'œuvre est déjà commencée, et, ainsi que le démontrent toutes les pétitions adressées au gouvernement, de nombreuses industries ont déjà abandonné le bassin de la Loire, et le mouvement s'accélérera sans limite aussitôt que le monopole se sera définitivement constitué.

La situation est donc grave, et elle appelle toute l'attention du gouvernement, car il s'agit du repos, du bien-être, de la vie d'une immense population.

CAUSES

DE LA HAUSSE DU PRIX DE LA HOUILLE.

Le prix de la houille s'est élevé dans une progression régulière et constamment croissante depuis dix ans : de 40 centimes qu'elle valait en 1845, elle s'est successivement élevée jusqu'au prix de 1,35 et au delà prise sur le carreau de la mine; c'est donc une augmentation de deux fois et demie le prix de 1845, 250 p. 0/0; il est permis de dire que de toutes les marchandises connues, la houille est celle qui a le plus augmenté de prix. Quelle peut être la cause d'une hausse aussi demesurée et aussi nuisible à l'intérêt général?

En réponse à cela, il n'y a qu'un cri : du pauvre logement de l'ouvrier, du plus chétif atelier comme de la manufacture la plus puissante, s'élève la même plainte, se manifeste la même opinion, à savoir que la hausse de la houille n'a pas d'autre cause que l'absorption du bassin houiller de la Loire par le monopole établi sous le nom de *Compagnie des Mines de la Loire*.

Les ingénieurs du gouvernement le reconnaissent, les conseils municipaux, les conseils généraux, les chambres de commerce, les pétitions le le proclament à l'envi.

Si les opinions sont divisées sur les moyens à employer pour mettre un terme à un si désastreux état de choses, elles sont néanmoins unanimes sur ce point que le haut prix de la houille est le fait de la Compagnie des mines de la Loire.

Ce n'est, en effet, que depuis que le monopole est constitué, c'est-à-dire depuis la fin de 1845, que la hausse des prix s'est manifestée; et, depuis cette époque jusqu'à ce jour, les prix sont toujours allés en augmentant. Nous n'essayerons pas de produire d'autres arguments que ceux qui ont déjà été publiés sur les funestes résultats du monopole, et qui prouvent que la Compagnie des mines de la Loire n'a rempli aucune de ses promesses, n'a rendu aucun des services qui avaient servi de prétexte à sa naissance.

Nous croyons n'avoir rien de mieux à faire que de citer plusieurs passages de divers rapports, mémoires et discours qui établissent mieux que nous ne pourrions le faire, les abus et la tyrannie du monopole. Voici en premier lieu ce que prévoyait M. Prunelle, maire de Lyon, dès l'année 1846 :

« Une Compagnie puissante, disait-il, s'est organisée pour monopoliser à la fois l'extraction, la vente et le transport de toutes les houilles des bassins de Rive-de-Gier, St-Etienne et la Ricamarie : le monopole le plus absolu de la houille est donc le but auquel tend la Compagnie ; ce but, elle l'avoue hautement tout en répudiant l'expression qui seule caractérise de semblables opérations... La concurrence une fois écartée et le monopole établi à grands frais, ce dernier, naturellement, reste le maître de la fixation des prix, et d'autant plus facilement que l'augmentation qui résulterait des frais de transport écarte toute concurrence des houilles étrangères... Le monopole abusera de sa position ; il est hors d'exemple qu'il n'en soit pas toujours ainsi ; la concession unique de la Compagnie charbonnière élèvera le prix de la houille aussi haut que pourront le supporter les propriétaires d'usines ; elle commencera par prélever une forte dîme, elle finira par les absorber tout entiers ; les manufacturiers habiles quitteront la contrée, les manufacturiers moins intelligents fabriqueront plus mal à des prix plus élevés, tout en faisant de médiocres bénéfices; telle sera, messieurs, n'en doutez pas, l'histoire de la vie et de la mort de nos fabricants; l'agonie et la mort arriveront plus vite qu'on ne le pense. »

Voici ce qu'ajoute quatre ans après, en **1850**, la ville de Saint-Étienne dans un mémoire adressé aux grands pouvoirs de l'État.

« Ce qu'avait prévu, il y a quatre ans, la commission municipale de Lyon s'est en partie réalisé : plusieurs des branches d'industrie dont la houille est l'aliment quotidien ont cessé ou ralenti leurs travaux, les autres sont en souffrance et leur existence est compromise.

» Le public reproche à la Compagnie la non-satisfaction des besoins des consommateurs qui réclament en vain les qualités de houille nécessaires à leurs industries.

» Si les consommateurs de houille ne sont pas satisfaits pour les qualités de houille, ils n'ont pas moins à se plaindre des prix excessifs qu'on leur impose.

» Il résulte des comptes de ventes antérieurs et postérieurs à la coalition, que les prix des dernières qualités de houille ont été graduellement haussés par la Compagnie depuis 1845, de 50, 60, 80 et même 100 0/0 (1).

» En 1845, la houille même valait au plus 40 centimes l'hectolitre, prise à l'orifice de la mine. En 1846, elle avait été portée à 65 centimes. »

Voici ce que dit encore un rapport fait également en 1850 au conseil municipal de Saint-Étienne dans sa séance du 14 novembre.

« Il est ressorti de l'enquête faite par la commission que tous les genres de fabrication avaient été atteints par l'élévation du prix de la houille; ce renchérissement a eu lieu, en effet, pour toutes les qualités et sur tous les points du bassin; il a pris naissance vers 1840, par suite de la formation de la Compagnie charbonnière; mais il s'est dessiné plus

(1) Cette hausse de 100 pour 100 existait déjà en 1847, moins de deux ans après la fondation du monopole; elle est aujourd'hui de 250 pour 100.

nettement depuis 1844 et 1845, époque de la réunion des principales concessions. En 1847 il a fait un pas marqué par la substitution du pesage au mesurage. A cette époque la Compagnie, sans changer le prix, a livré, au lieu d'une benne variant de 125 à 150 kilos, un poids fixe de 100 kilos. En 1850 un mouvement sensible de hausse s'est encore fait sentir.

» Il est à peu près certain que la Compagnie de la Loire est à peu près maîtresse d'élever ses prix comme il lui plaît et d'imposer aux consommateurs les conditions onéreuses qu'elle croit utile d'imagiger; la qualité de la houille livrée par elle ne répond presque jamais aux besoins.

» Grâce à un pareil état de choses, il s'est manifesté une hausse de plus de 100 p. 0/0.

» Ces chiffres, messieurs, sont au-dessus de toute critique, ils reposent sur un ensemble de recherches qui ne sauraient être suspectées et que votre commission a soigneusement vérifiées.

» Tandis que la houille augmente ainsi dans notre bassin, elle reste stationnaire dans la plupart des bassins de France.

» La houille faisait la richesse de Saint-Étienne, les entreprises de la Compagnie feront sa ruine. »

Le rapport termine par ces mots :

« Votre commission, en terminant, a un aveu pénible à vous faire : le monopole créé par la Compagnie des mines de la Loire s'étend déjà avec une telle puissance sur notre contrée, que, parmi les industriels qui nous ont soumis leurs plaintes, ils n'en est qu'un très petit nombre qui osent exprimer leurs griefs sans ménagements.

» La plupart nous ont manifesté une vive crainte de voir, par la publicité donnée à leurs déclarations, compromettre leur position d'acheteurs vis-à-vis de la Compagnie, ainsi que cela est arrivé à certains d'entre eux (1).

» Ces appréhensions suffiraient à elles seules pour faire mesurer les progrès du fléau qui pèse sur notre pays. »

Voici ce que dit à son tour la Chambre de commerce de Saint-Etienne, le 9 janvier 1851 :

« Si jamais il y a eu un fait certain, notoire, indubitable, c'est celui de l'élévation des prix de la houille dans le bassin de la Loire, avouée même par la Compagnie des mines de la Loire.

» Tout ce qu'elle a fait pendant plusieurs années n'a pas d'autre but.

» Les charbons menus qu'ils livrent aujourd'hui de 60 à 70 centimes, se livraient en 1844 à 35 et 40 centimes.

» La hausse a été factice et arbitraire; il a suffi à la

(1) Cette terreur inspirée par le monopole existe bien réellement, et elle explique pourquoi l'industrie a attendu si longtemps pour venir enfin faire entendre ses plaintes.

Compagnie de dire : les prix anciens ne me conviennent plus; désormais j'entends exiger une augmentation qui m'indemnise des prix attribués aux concessions de mines.

» Aujourd'hui ces abus se sont réalisés, les consommateurs sont rançonnés sans pitié, la Compagnie refuse de livrer les qualités de houille; elle exige d'une partie des consommateurs des prix exclusifs et plus élevés les uns que les autres. »

Nous pourrions multiplier à l'infini les citations, qui prouvent, d'une manière incontestable, les funestes effets du monopole ; mais la relation que nous avons faite de nos propres souffrances, corroborée par les extraits que nous venons de donner, sera plus que suffisante pour démontrer que la hausse des prix de houille et l'arbitraire dans les livraisons n'ont pas d'autre cause que le monopole.

Examinons maintenant les excuses alléguées par les défenseurs du monopole, et qu'ils donnent pour expliquer une hausse de 250 pour cent sur un produit dont le prix n'avait jamais sensiblement varié.

EXCUSES ALLÉGUÉES

PAR LES DÉFENSEURS DU MONOPOLE.

Les défenseurs du monopole ne nient point cette hausse, mais ils soutiennent énergiquement qu'elle ne provient pas du fait du monopole lui-même, et qu'elle tient à des causes légitimes tout à fait en dehors de son existence.

C'est ainsi que tour à tour ils ont allégué qu'elle provenait :

De difficultés nouvelles d'extraction ;

De la hausse des salaires et de la difficulté de se procurer un nombre suffisant d'ouvriers ;

De l'emploi de machines plus coûteuses ;

Et enfin, et c'est le seul prétexte important, le seul qui offre une apparence spécieuse de vérité, que la hausse n'a réellement d'autre cause que l'excédant des besoins de la consommation sur les moyens de production, la supériorité de la *demande* de houille sur l'*offre*, ce qui, d'après les lois généralement admises par la science économique, doit amener et amène infailliblement une hausse du prix de la houille, proportionnelle à l'intensité des besoins.

C'est-à-dire que, suivant les économistes, la houille doit se vendre d'autant plus cher que les besoins de la consommation sont plus impérieux.

Nous ne nous arrêterons pas longtemps sur les trois premiers articles : ils ne sont pas sérieux, ils ne méritent donc pas une longue réponse.

La hausse ne provient pas de difficultés nouvelles d'extraction, par une raison bien simple : c'est que la Compagnie, aussitôt constituée, s'est hâtée de fermer tous les puits donnant lieu à une extraction difficile, et n'a conservé en activité que ceux dont la houille pouvait être extraite à peu de frais.

Elle ne provient pas davantage de la hausse des salaires, qui ont plutôt diminué qu'augmenté, puisque pour le même salaire on a obligé chaque ouvrier de produire davantage, en augmentant la capacité des mesures qui donne lieu à l'établissement du salaire.

Il en est de même encore des machines plus dispendieuses : loin que l'emploi de machines plus coûteuses ait amené de plus grands frais d'extraction, ces machines, par leur puissance et leur perfection, donnant lieu à un plus grand travail utile, ont diminué les frais d'extraction.

Passons donc à quelque chose de plus sérieux à savoir, à la formule économique de l'offre et de la demande.

La Compagnie prétend qu'on la calomnie et qu'on lui attribue à tort la hausse de la houille ; elle affirme que la hausse provient surtout de ce que, depuis quelques années, l'industrie s'est considérablement développée; de ce que les bateaux à vapeur et les chemins de fer ont pris une telle extension, que les moyens d'extraction ne peuvent plus suffire.

Elle affirme, en un mot, que la consommation dépasse la production, et qu'il lui est impossible d'y faire face.

Il résulte de cette affirmation que, comme il ne

peut pas y avoir de houille pour tout le monde, les consommateurs, pour s'assurer les quantités dont ils ont besoin, se font concurrence entre eux; ils viennent d'eux-mêmes, à l'envie les uns des autres auprès de la Compagnie, lui offrir une prime, une hausse sur les prix tenus par la Compagnie.

Et ce mouvement s'accélérant sans mesure, et la panique intervenant, des offres de plus en plus brillantes sont faites à la Compagnie, qui, on le conçoit, ne peut pousser l'abnégation jusqu'au point de refuser de l'argent qu'on lui offre malgré elle.

La Compagnie accepte donc ces primes avec répugnance, mais enfin elle les accepte; d'où il résulte que ce n'est pas elle qui cause et qui provoque ce haut prix de la houille, ce sont les consommateurs qui lui forcent la main. La consommation seule est coupable.

Tout ceci a une certaine apparence de réalité bien capable de jeter l'incertitude dans l'opinion; malheureusement pour le monopole, rien n'est moins conforme à la vérité.

Non, il n'est point vrai que les moyens de production soient au dessous des besoins de la consommation; s'il en est ainsi momentanément en apparence, c'est que le monopole qui s'y est préparé de longue main a tendu tous ses efforts pour amener et pour rendre permanente une pénurie factice; logique, en cela avec les usages invariables du monopole, il a longuement élaboré un pacte de famine, et nous le prouverons tout à l'heure.

Mais constatons que si la hausse des prix provenait réellement de l'excédant de la consommation sur la production et non pas des manœuvres du monopole, il devrait y avoir une baisse du prix de la houille toutes les fois que l'extraction serait supérieure à la consommation ; c'est, en effet, ce qui arriverait avec l'industrie morcelée; mais avec le monopole il n'en est rien.

En effet, il y a quelques années à peine, le lendemain de la révolution de février, la demande de houille fut entièrement nulle au moment même où la Compagnie avait ses magasins encombrés, où la situation politique lui faisait une obligation d'extraire, coûte que coûte, afin de fournir du travail aux ouvriers ; certes, jamais meilleure occasion ne pouvait se présenter pour la Compagnie de prouver qu'elle se conformait à la loi des économistes; jamais l'offre de la houille n'avait pu dépasser autant la demande.

S'il était vrai, ainsi que l'assure la Compagnie, que l'intensité des besoins produisît seule la hausse, les besoins étant nuls, le prix de la houille aurait dû descendre au-dessous des plus bas prix connus.

Il n'en fut rien en réalité ; menacé dans son existence, assailli par les populations, le monopole crut prudent de donner une certaine satisfaction à l'opinion ; une légère baisse de quelques centimes eut lieu ; mais aussitôt que le danger fut passé, et BIEN LONGTEMPS AVANT LA REPRISE DES AFFAIRES, non-seulement l'ancien prix était rétabli, mais encore la Compagnie décrétait une nouvelle hausse.

Donc, avec le monopole, le prix de la houille ne suit pas la loi de l'offre et de la demande, car, avec le monopole, la pénurie factice est toujours en permanence.

Le haut prix de la houille n'a d'autre cause que la volonté, l'avidité, la machiavélique préméditation du monopole ; si l'extraction ne suffit pas aujourd'hui à la consommation, c'est que la Compagnie, avec une prévision perfide, au lieu d'extraire à l'avance une quantité de houille suffisante pour la consommation, au lieu de creuser de nouveaux puits d'extraction ; au lieu, en un mot, de développer son extraction, a constamment tendu à la réduire, soit en renvoyant un grand nombre d'ouvriers, soit en fermant plus de la moitié des puits qui étaient en pleine exploitation au moment de la constitution du monopole.

Si au lieu de renvoyer des ouvriers, elle en eût appelé de nouveaux ; si au lieu de fermer la moitié des puits elle en eût ouvert un plus grand nombre, la production de la houille fût demeurée au niveau de la consommation, et la Compagnie ne pourrait alléguer aujourd'hui ce prétexte mensonger d'une pénurie qui n'a d'autre cause que le mauvais vouloir du monopole.

La preuve en est péremptoire :

En 1844, sous le régime de l'industrie morcelée, il y avait cinquante-trois puits en pleine activité ; en 1850, sous le régime du monopole, il n'y en a plus que vingt-cinq.

La Compagnie a donc fermé vingt-huit puits, et cela au moment même où, suivant elle, la consommation se développait.

Est-il assez clair que la pénurie est le fait du monopole ?

Et cette opinion est aussi celle du gouvernement, puisqu'il vient de rendre un décret qui oblige la Compagnie à rouvrir dix-sept des puits qu'elle avait fermés, et d'extraire chaque jour quatre mille quintaux métriques de houille de plus qu'elle ne faisait.

N'est-il pas évident que si la Compagnie peut exécuter le décret, elle eût pu le faire tout aussi bien avant qu'après.

Le monopole est donc la cause du haut prix ; mais, disent les partisans du monopole, cette hausse n'a rien d'exagéré, elle n'a rien d'abusif, et, ce qui le prouve, c'est que les actionnaires de la Compagnie qui, suivant les accusateurs du monopole, devraient faire de si grands bénéfices, touchent à peine l'intérêt du montant des actions, et que les actions elles-mêmes sont constamment en baisse, puisque, après avoir dépassé le chiffre de 1,100 fr. l'action, elles ne sont plus cotées aujourd'hui que 450 fr.

En ce qui concerne la dépréciation des actions, elle n'a point d'autre cause que celle-ci : c'est que le monopole a soulevé contre lui une réprobation si énergique, que le gouvernement, dit-on, s'y associe et se prépare à prononcer la dissolution de la Compagnie des Mines de la Loire. Or, comme l'existence seule du monopole a donné aux actions de la Compagnie une valeur fictive, il est clair que la dissolution les ramenant à leur valeur vraie, il doit résulter de la menace seule une baisse très-considérable.

La dépréciation des actions n'a pas d'autre cause, et cela est si vrai, que, de l'aveu de tout le monde, si le gouvernement, au lieu de dissoudre le monopole, se prononçait en sa faveur, les actions remonteraient subitement à leur ancien prix de 1,100 fr., et ne tarderaient pas à le dépasser, une hausse nouvelle du prix des houilles donnant toujours la certitude de pouvoir donner de beaux revenus aux actionnaires.

En ce qui concerne les minimes dividendes, quoique nous ayons lieu de croire que ces dividendes n'ont pas été aussi chétifs que l'on veut bien le dire, quoique nous ayons la certitude que les actionnaires en ont touché de fort beaux depuis un an, admettons qu'ils n'en touchent pas; qu'est-ce que cela peut prouver? C'est qu'une forte partie des bénéfices sinon la totalité est absorbée par les états-majors et par les gaspillages qui résultent d'une entreprise trop considérable, et dont la surveillance devient par cela même impossible.

Une entreprise aussi colossale et étendue que l'est le monopole des Mines de la Loire ressemble à ces machines compliquées où presque toute la force se perd en frottements inutiles.

L'absence des dividendes n'a été d'ailleurs que momentanée; car aujourd'hui nous affirmons qu'il y en a, et ils sont tels que si demain le monopole était autorisé et rassuré sur son avenir, l'on verrait les actions monter subitement à **1,000** fr. et plus.

La cause de la mésaventure passée des actionnaires se trouve dans la constitution même du monopole, lequel n'a pu s'établir que moyennant des sacrifices prodigieux dépassant toutes les bornes de la raison.

En effet, le monopole ne s'est pas établi sans causer aux uns un grand effroi, aux autres une grande répugnance, il a donc fallu étouffer cet effroi, faire taire ces répugnances, et pour cela il a fallu employer les arguments irrésistibles; on a acheté les cœurs timorés ou les consciences susceptibles en les couvrant d'or.

Telle mine qui valait à peine trois cent mille

francs s'est vendue deux millions; tel bail, quoique d'une durée limitée, s'est vendu plusieurs millions, sans compter les mines qui ne valaient rien et qui n'en ont pas été vendues moins cher.

En un mot, le monopole a tant et si bien payé; il a contracté tant de dettes, signé tant d'obligations, que le capital nominal de la compagnie dépasse peut-être aujourd'hui cent millions, tandis qu'avant la constitution du monopole tout le bassin houiller de la Loire n'était pas estimé plus de quinze à vingt millions (1).

---

(1) Voici ce qu'à ce sujet, disait encore M. Langyer dans son discours prononcé en 1847 à la Chambre des députés :

« La première pensée avait été de réunir les mines pour leur valeur réelle, estimée le plus approximativement possible, et de chercher le principal bénéfice dans la simplification des états-majors, des frais généraux.

» Mais les spéculateurs modifièrent promptement cette pensée; des banquiers importants intervenant, on se hâta d'acheter au plus bas prix possible, des concessions, des parts de concessions, des actions même dans les Compagnies, et l'on fit entrer tout cela à des valeurs exagérées dans les apports qui ont servi de base à la grande affaire actuelle.

» Exemple, deux concessions avaient été mises en actions ensemble en 1838, au capital de 25,000,000; l'affaire, loin de donner un bénéfice, donna des pertes; elle dut être liquidée à 1,500,000 fr. Cette affaire a été rapportée au groupe de la Ricamarie pour une somme de 5,200,000 fr.

» Une autre mine avait été achetée, en 1844, à l'administration des hospices pour la somme de 750,000 fr.; concession (droit d'extraire de la houille dans un périmètre déterminé) et tréfonds

Entre le montant de l'actif nominal établi par le monopole et celui qui existait sous l'ancien régime, il y a donc une différence qu'on peut évaluer à quatre-vingt millions.

Quatre-vingts millions dont chaque année il faut payer l'intérêt et l'amortissement, intérêt et amortissement dont le montant doit s'ajouter au prix de revient de la houille sans compter, ainsi que nous l'avons dit, tous les frais d'état-major à Paris, à Lyon ou ailleurs, les frais de procès interminables, fonds secrets, etc., etc.

Qui ne conçoit maintenant combien il faut que la

(propriété de la houille donnant droit à une redevance à payer par les concessionnaires).

» Ce droit étant dans cette concession du huitième brut de l'extraction pour certaines parties de l'exploitation et du sixième pour d'autres, peut être estimé la moitié de la valeur totale de l'achat.

Les vendeurs se la réservèrent expressément et apportèrent à la nouvelle compagnie (Mines réunies) la concession seule, c'est-à-dire le droit d'extraire en leur payant une redevance de la valeur totale de la vente faite par les hôpitaux, soit 375,000 fr. et l'apportèrent à la Compagnie des Mines réunies pour 1,700,000 fr.

La concession dite de Firminy est représentée pour 900 actions de plus de 1,000 fr. par action. L'association générale a offert 5,000 fr. de chaque action. Des actionnaires que je connais et dont j'ai les lettres, ont accepté et réalisé 5,000 fr. argent pour chaque action et de plus de deux actions dans la société nouvelle. Plus de cent actions ont été vendues ainsi.

houille se vende plus cher sous le régime du monopole que sous l'ancien système où il n'y avait d'intérêts et d'amortissement à servir que pour un capital de vingt millions au plus.

Qui ne conçoit pourquoi, sous le régime de l'industrie morcelée, la houille, en se vendant 40 centimes l'hectolitre, donnait encore des bénéfices suffisants aux extracteurs, tandis qu'avec le monopole il a fallu que la houille se vendît 1,40, pour parvenir enfin à donner des bénéfices aux actionnaires.

Il peut donc se faire que, grâce à la débauche d'agiotage qui a eu lieu, les actionnaires ne soient pas satisfaits; qu'importe à la consommation, qui n'en est pas moins obligée de payer les mêmes frais exagérés?

Ce n'est qu'une condamnation de plus contre les vices du monopole.

Y a-t-il au moins lieu d'espérer que la hausse n'ira pas plus loin, comme le prétendent quelques bonnes âmes, qui avancent que la Compagnie pouvant donner à présent des dividendes, les actionnaires seront satisfaits, et se contenteront de bénéfices honnêtes et modérés?

Pure illusion! il est de l'essence du monopole de ne pouvoir être assouvi; s'il y a des dividendes, les actions monteront.

Si les actions montent et représentent un capital

plus considérable, les porteurs de ces actions exigeront à leur tour des intérêts et des dividendes; de ce, nouvelle hausse de la houille ou réduction des salaires, ce qui est encore un des maux du monopole.

Puis, après une nouvelle hausse du prix des houilles, augmentation du dividende, suivie encore d'une hausse des actions; et toujours ainsi, et à perpétuité.

Non, non, avec le monopole, il faut abandonner toute espérance.

Tant que le monopole durera, le prix de la houille montera.

Ceci seul doit suffire pour juger du monopole en dernier ressort.

RAISON D'ÊTRE DU MONOPOLE

DE SON UTILITÉ, DE SA LÉGITIMITÉ.

Le monopole est constitué; il est la cause du prix élevé de la houille. Il n'est point possible de contester les funestes effets qu'il a déjà produits.

Pour compenser tant de maux, le monopole aurait-il donc, à d'autres points de vue, une certaine utilité, qui aurait rendu sa création nécessaire, et qui rendrait son maintien indispensable?

Il n'en est rien : pour être utile, il faudrait que le monopole produisît :

Ou un aménagement considérable de la richesse houillère qui aurait été dilapidée et gaspillée par l'industrie privée ;

Ou une hausse considérable de salaire ;

Ou, enfin, une diminution des prix en faveur de la consommation provenant d'économies obtenues au moyen de la centralisation.

En un mot, il faudrait que le monopole rendît à la Société des services plus grands que ne le faisait l'industrie privée.

En ce qui concerne l'aménagement, il est aujourd'hui prouvé que le monopole, n'ayant en vue que les dividendes à servir à ses actionnaires et la hausse de ses actions, a plus mal aménagé les houillères que ne le faisait l'industrie privée.

D'un autre côté, nous l'avons déjà dit, loin d'augmenter les salaires, la Compagnie les a réduits en réalité.

Quant aux avantages offerts à la consommation, nous les connaissons.

La raison d'être du monopole n'est donc pas l'utilité.

Quelle est-elle donc? Où le monopole puise-t-il sa force?

En but à toutes les attaques, il a soulevé contre lui, par ses exactions, les plaintes, les haines, les menaces des populations. Les ingénieurs du gouvernement proclament que tout le mal produit provient de son fait; tous les corps constitués assaillent le gouvernement de leurs réclamations; le gouvernement lui-même, reconnaissant la justice et l'importance des réclamations de la consommation, décrète chaque jour contre le monopole.

Et pourtant, malgré tant d'obstacles, le monopole, plein d'audace et de puissance, fait son chemin et se maintient; il se développe et se consolide envers et contre tous.

Aux plaintes des populations, il répond que la hausse n'est pas de son fait, mais le fait des populations elles-mêmes, et que c'est à elles de moins consommer, puisque leurs besoins rendent la demande de la houille plus active que l'offre.

En réponse aux menaces, il somme les gouvernements de le défendre par leurs baïonnettes, et les gouvernements obéissent, puisque le sang a déjà coulé.

En réponse aux ingénieurs, aux corps constitués, il dit que son droit est dans la loi, que son existence est légale, et qu'il ne peut y avoir de réclamations contre la loi.

Aux décrets du gouvernement lui-même, il répond par une bravade; il décrète aussi de son côté une nouvelle et plus considérable hausse de la houille.

Le monopole fait face à toutes les agressions ; il tient tête à tous ses ennemis.

Où puise-t-il donc sa force et son courage ? Comment se fait-il que le gouvernement actuel, qui se fait gloire de sa sollicitude active pour les intérêts du travail, n'ait pas encore mis un terme à un état de choses qui peut lui aliéner l'esprit des populations, et qui offre tant de dangers pour la sécurité publique ?

Nous n'admettrons pas que le monopole ne parvienne à se soutenir que par la protection intéressée d'hommes puissants et haut placés ; un tel abus serait odieux ; et d'ailleurs, quelle que soit l'importance de ces protections, si le monopole n'avait pas pour lui un appui plus efficace, elles ne suffiraient pas pour le défendre et le maintenir.

Oui, en effet, le monopole puise sa force à une source plus élevée et plus puissante.

Le monopole puise sa force dans sa légitimité apparente. Voilà pourquoi il est fort ; voilà pourquoi, envers et contre tous, il se consolide. Il a pour lui la science officielle et les principes en vogue, et cet appui vaut mieux pour lui que celui des baïonnettes.

En effet, si l'existence du monopole est réellement conforme aux principes généralement admis, le monopole doit paraître légitime ; il est dans son droit, et toute plainte est superflue, toute attaque, qu'elle vienne du gouvernement ou des populations, ne peut plus être qu'un acte d'arbitraire ou de violence.

Tel est le secret de la vitalité du monopole, voilà pourquoi les réclamations des populations sont sans effet, pourquoi le gouvernement n'a pas agi, car son action porterait la main sur ce qu'il y a de plus respecté, sur la science, sur les principes.

Que dit la science économique? que toute propriété est légitime entre les mains de l'individu sauf vol.

Que toute propriété légitime donne au propriétaire le droit d'user et d'abuser, d'acheter, de vendre, de garder, de livrer, de louer la chose dont il est propriétaire.

Or, la houille, quoi qu'on en dise, de même que toute autre richesse naturelle et au même titre, peut être et se trouve en réalité la propriété légitime de certains individus.

Ces propriétaires de houille, en vertu du principe de propriété, ont donc le droit d'user et d'abuser des houillères et de la houille, par conséquent de vendre, d'acheter, de garder, de livrer, de louer les houillères et la houille, puisqu'ils en sont propriétaires.

Donc en vertu du droit de propriété le monopole est légitime.

C'est en vain qu'on allègue que la houille n'est

pas une propriété comme une autre, qu'elle est de droit commun, etc., toutes ces allégations sont de vaines subtilités.

Au fond la houille peut être une propriété tout aussi légitime que toute autre, et les propriétaires de houille ont à faire valoir les mêmes raisons en leur faveur que les autres propriétaires.

Donc la houille étant une propriété légitime,

La propriété donnant le droit d'acheter ou de vendre,

Le monopole n'étant pas autre chose que l'exercice du droit d'acheter ou de vendre les houillères en toute liberté, comme il arrive de toute autre propriété, le monopole est légitime.

Voilà le nœud de la question ; tel est le point qu'il faut avant tout résoudre.

La houille est-elle et peut-elle être une propriété individuelle ?

Si la houille est une propriété individuelle, aucun raisonnement au monde ne pourra nier la légitimité du monopole.

Le droit de propriété individuelle entraîne d'autres conséquences :

Il donne au propriétaire le droit de garder ou de céder ;

En conséquence, le propriétaire de houille a le droit de refuser sa houille à la consommation, il a le droit de la garder et d'en demander le prix qu'il lui plaît.

Or, si le propriétaire de houille ayant le droit incontestable de disposer librement de sa propriété, peut, si bon lui semble, refuser sa houille à la consommation, il faut donc, si la consommation veut obtenir cette houille, qu'elle offre au propriétaire une prime, un prix, un avantage, un bénéfice qui le décide à se dessaisir de sa propriété (1).

Comme il est facile de le concevoir, le propriétaire, en vertu de son droit et de sa liberté, cherche à obtenir le prix le plus élevé possible de sa chose; il en résulte donc que le propriétaire de houille pourra vendre sa houille d'autant plus cher que les besoins de la consommation seront plus impérieux.

Et cette hausse de prix sera parfaitement légitime, car le propriétaire est libre et a le droit de garder.

Ainsi grâce au principe de la propriété individuelle de la houille, et cela conformément aux théories de la science économique, le monopole,

---

(1) Le lecteur verra plus loin qu'en ce qui concerne la houille, nous nions d'une manière formelle, et contrairement à la loi de l'offre et de la demande, que l'extracteur de houille ait le droit d'établir le prix de vente d'après les besoins de la consommation, au lieu de l'établir d'après le prix de revient.

l'accaparement, l'exploitation à outrance des besoins de la consommation sont légitimes, car ils n'ont lieu qu'en vertu de la liberté provenant du droit sacré de la propriété.

Si le monopole, l'accaparement, la hausse exagérée des prix sont légitimes, toutes les tentatives du gouvernement et des populations ne sont plus que de la spoliation et de l'injustice.

Le droit de propriété individuelle est donc la forteresse inexpugnable du haut de laquelle la Compagnie des mines de la Loire défie toutes les agressions.

Aussi peut-on dire que tant que la houille sera une propriété individuelle, il n'y aura pas de solution possible; tôt ou tard, fort du principe de propriété, le monopole triomphera, il prendra définitivement possession de la houille, dont il disposera en vertu du droit de propriété comme bon lui semblera. Il aura pour lui le bon droit, car il aura pour lui la science et le principe.

Et le gouvernement ne l'empêchera pas et ne pourra l'empêcher. De quel droit attenterait-il à la propriété? De quel droit toucherait-il à la houille légitimement possédée, plutôt qu'à toute autre propriété.

Il n'y a pas de milieu : si l'on admet le droit de propriété individuelle de la houille, il faut en admettre les conséquences, à savoir le monopole et l'accaparement ; accepter le principe, et vouloir empêcher le monopole est une contradiction et une injustice.

Mais la houille ne peut être une propriété individuelle, son existence en quantités limitées, et sur des points éloignés, s'y oppose.

La houille est évidemment une propriété sociale, et comme telle, elle doit entrer dans le domaine public.

La société étant propriétaire légitime de la houille, a donc seule mission d'exercer les droits de propriété, et non tels ou tels individus.

Mais, dit-on, l'individu possède aujourd'hui la houille parce que la société a aliéné en sa faveur son droit primordial.

Cela n'est pas, cela ne peut être. Pour aliéner une chose, il faut la posséder ; or, la génération qui aurait pu aliéner le droit de propriété de la houille n'étant pas seule propriétaire, n'a pu aliéner ce qui ne lui appartenait pas.

Car la société se compose de tous les hommes et de toutes les générations. Les hommes et les générations à naître ont donc un droit de propriété égal à celui des générations présentes et à celui qu'ont pu avoir les générations éteinte s

Donc les générations antérieures n'ont pu aliéner le droit de propriété des générations futures.

Chaque génération ne peut aliéner que ce qui lui appartient, à savoir : la jouissance ; quant à la nue propriété, elle est de fait et de droit inaliénable.

Donc, si par ignorance, captation ou autrement, les générations antérieures ont aliéné la propriété de la houille, cette aliénation ne peut engager les générations futures, qui n'ont pas été consultées et qui n'ont pas consenti.

Il doit se passer pour la houille ce qui se passe en Angleterre pour la propriété de l'aristocratie.

En Angleterre, c'est la race qui possède et non tels ou tels membres de cette race. Un domaine appartient tout aussi bien au descendant qui naîtra dans des siècles qu'au membre vivant.

Voilà pourquoi la propriété de l'aristocratie anglaise est inaliénable ; une aliénation ne pourrait avoir lieu sans usurpation, c'est le droit des générations futures.

Les membres vivants d'une race noble ne peuvent aliéner que ce qui leur appartient, la jouissance, et rien de plus.

Ce qui se passe pour une race noble en Angleterre doit se passer de même pour l'humanité : la nue propriété de la houille appartient à la race tout entière et non à quelques-uns de ses membres.

La nue propriété est donc inaliénable, par conséquent toute aliénation se trouve nulle et de nul effet envers les générations qui n'ont pas contracté.

Donc, si les générations antérieures ont aliéné la propriété de la houille, la génération présente, et à plus forte raison les générations futures, qui n'ont pas participé au contrat, ont le droit d'exiger l'annulation de l'aliénation.

Mais, hâtons-nous de le dire, cette annulation ne peut avoir lieu, la société ne peut rentrer dans sa propriété qu'en indemnisant l'individu.

En conséquence, si la société a la nue propriété, si elle ne peut aliéner que la jouissance, l'individu ne peut plus être que possesseur temporaire, usufruitier concessionnaire, le tout moyennant certaines conditions.

Or, si l'individu n'est pas propriétaire des houillères, il ne peut user ni abuser de ce qui ne lui appartient pas; il ne peut ni l'échanger, ni le vendre, ni l'acheter, ni le céder.

Donc, si l'individu ne peut vendre, ni acheter les houillères, le monopole ne peut se constituer, ou, s'il se constitue, il est illégitime.

N'étant plus propriétaire, étant seulement possesseur temporaire, usufruitier, concessionnaire, fermier de la houille, on conçoit que l'individu ne puisse jouir de cette possession, usufruit, concession, fermage, sans avoir à subir de la société propriétaire de certaines conditions.

Si donc la société croit devoir imposer, à titre de propriétaire, des conditions librement débattues et acceptées par le concessionnaire, qui seraient de nature à sauvegarder les intérêts des consommateurs et des travailleurs, on peut concevoir un état de choses où le détenteur de houilles ne puisse plus vendre la houille au prix que bon lui semble, et où, par conséquent, les besoins des consommateurs ne seraient pas aussi cruellement exploités qu'aujourd'hui (1).

Nous verrons plus loin que la chose est possible; et s'il en était ainsi, la hausse du prix de la houille

---

(1) Nous verrons plus loin, dans l'exposition du système que nous présentons, que la société représentée par son gouvernement, devra n'accorder de concessions à l'avenir que moyennant un cahier des charges, contenant toutes les clauses et conditions qu'elle croira utile d'insérer pour sauvegarder ses intérêts, en tant que propriétaire de houillères et que consommateur.

C'est ainsi que ce cahier des charges pourrait stipuler, par exemple, la quantité de houille à extraire par jour de chaque puits de mine, les précautions à prendre pour le bon aménagement des houillères, pour l'écoulement des eaux, pour la préservation des ouvriers contre les accidents pouvant résulter du travail des mines.

En un mot, ce cahier aurait à stipuler toutes les conditions de garanties dont l'expérience peut indiquer la nécessité aux hommes compétents, aux agents du gouvernement.

serait illégitime. Il en serait de même de la pénurie factice, de l'accaparement.

Ce principe que nous posons ici, ***la société propriétaire de la houille, l'individu possesseur temporaire moyennant certaines obligations***, soulèvera probablement contre nous d'injustes accusations. Heureusement notre principe est celui que la société française a constamment reconnu et appliqué. C'est ce que nous prouverons plus loin.

Mais il importe peu aux yeux de certaines personnes, qui sacrifient volontiers les principes à la lettre, que le monopole soit illégitime en soi, que son existence soit contraire aux lois de la justice, du bon sens et du droit social; il suffit, pour qu'il soit accepté, reconnu, maintenu, protégé, que son existence soit légale, c'est-à-dire qu'il se trouve dans l'arsenal des lois, certains textes qui autorisent la formation du monopole.

Du moment que la loi permet le monopole, toute réclamation doit cesser. Ce qu'ordonne la loi, juste ou injuste, est sacré.

Il ne nous appartient pas, à nous, simples manufacturiers, d'aventurer nos pas sur un terrain si inconnu pour nous, et si obstrué, que le terrain de la jurisprudence. Nous ne chercherons donc pas à débattre la légalité du monopole.

Pour éviter la chicane, nous admettrons, si l'on

veut, que la lettre de la loi est plutôt favorable qu'hostile au monopole.

Mais nous dirons qu'alors même que, par le fait d'une illusion, d'une erreur du législateur, il se trouverait dans la loi un texte favorable au monopole, malgré la loi, le monopole n'en serait pas moins illégitime, et comme tel il devrait être supprimé.

En effet, suivant l'adage il n'y a pas de droit contre le droit, toutes les lois du monde ne peuvent supprimer le droit de propriété de la société sur la houille, toutes les lois du monde ne peuvent faire que les législateurs qui ont fait cette loi aient pu aliéner le droit imprescriptible des générations futures qui n'ont pas contracté.

Toute aliénation opérée par une génération au détriment des générations futures, est un acte d'usurpation et de spoliation.

Mais, dit-on, la loi doit être acceptée et reconnue par cela seul qu'elle est la loi. Et pourtant, si cette loi, par le fait de l'ignorance générale, par un subterfuge, était l'œuvre des monopoleurs eux-mêmes, devrait-elle être acceptée et reconnue par les victimes du monopole?

Sans doute, tant qu'une loi subsiste, elle doit servir de base aux transactions entre les individus; on ne saurait concevoir un état social où chaque individu ferait la loi, mais il ne peut en être de même en ce qui concerne la société, laquelle ne peut abandonner le droit de rectifier les erreurs, les abus, qui peuvent se glisser dans la confection des lois.

Ce droit, il est vrai, n'est point contesté; on admet assez volontiers que la société peut abroger une loi reconnue mauvaise ou erronée, et la remplacer par une autre. Il semblerait donc d'après cela que la loi qui a permis le monopole étant abrogée, le monopole devra-il suivre le sort de la loi qui l'aurait enfanté.

Mais, dit-on, la loi ne peut avoir d'effets rétroactifs, et puisque le monopole a pu être fondé en vertu d'une loi, une autre loi nouvelle ne peut abolir le monopole.

Nous ne craignons pas de le dire, le respect de la loi porté à ce point est une exagération et cette manière d'interpréter les lois serait la consécration et l'éternisation de l'erreur, du mensonge et de l'injustice. Au moyen de cette application judaïque de la lettre de la loi et de ce principe mal interprêté de la non-rétroactivité, la société se verrait dans l'impuissance absolue de mettre un terme aux attentats dont elle aurait à souffrir.

La justice et le simple bon sens s'opposent à ces interprétations il ne peut pas se faire que la société puisse être à jamais victime et sans retour possible, de l'incapacité de l'improbité, du manque de prévision, de l'ignorance, des préjugés, des passions, des intérêts qui auraient pu servir de guide à ses législateurs.

Aussitôt que la société reconnaît qu'une loi est erronée ou injuste, elle doit en opérer l'abrogation, et elle doit en même temps en abroger les effets. Mais, hâtons-nous de le dire, la société doit supporter les conséquences de l'œuvre de ses législateurs, c'est-à-dire que si elle se trouve dans l'obligation de rectifier de mauvaises lois, elle en a le pouvoir, mais à la condition d'indemniser les individus qui ont profité des erreurs ou des abus de la législation.

Puisque la société a commis la faute, il est juste qu'elle la paye.

Nous concluons donc de ce qui précède que sans entrer dans la discussion de savoir si le monopole est légal ou non, sans examiner si une loi peut avoir ou non un effet rétroactif, nous affirmons qu'aucune législation, aucune loi ne peut autoriser une génération à aliéner un droit qui ne lui appartient pas. Toute aliénation de ce genre, même faite sous forme de loi, est nulle et de nul effet.

En conséquence, si le monopole des mines de la Loire existe en vertu d'une aliénation du droit social, cette aliénation ne pouvant avoir lieu, le monopole doit être aboli, malgré qu'il ait pour lui la lettre de la loi.

Seulement, dans ce cas, les monopoleurs doivent être indemnisés.

Par ce moyen, le droit de la société et le droit de l'individu seront également respectés.

Et l'indemnité que la société devra payer aux individus ayant créé ce monopole devra provenir d'une expropriation pour cause d'utilité publique et stipulée suivant les formes ordinaires par un jury d'expropriation.

II

MOYENS PROPOSÉS

POUR AMENER

LA DIMINUTION DU PRIX DE LA HOUILLE

Nous l'avons déjà dit, si les opinions sont partagées sur les moyens à employer pour rétablir les anciens prix de la houille, elles ne le sont pas sur la nécessité d'apporter promptement un remède efficace à un état de choses, qui, s'il se prolongeait plus longtemps, amènerait la ruine infaillible des contrées les plus industrielles de France.

Seulement les moyens proposés se ressentent naturellement de la manière de voir de leurs auteurs, en ce qui concerne la légitimité du monopole.

Les uns admettent que l'individu est légitime propriétaire de la houille, et qu'en vertu du droit de propriété, il a pu et peut vendre, et acheter des mines de houille en toute liberté, de même qu'il ferait pour toute autre valeur; ils reconnaissent donc le monopole comme légitime, et ils l'acceptent comme la dose du mal qui accompagne irrévocablement toutes les choses de ce monde; ils l'acceptent, disons-nous, comme un mal inséparable du bien apporté par le principe fécond de la propriété individuelle.

Ils admettent donc le monopole, et les moyens qu'ils proposent n'ont pour but que de prévenir les abus du monopole.

Les autres, au contraire, n'admettent pas la propriété individuelle de la houille, ils en concluent que le gouvernement, au nom de la société, devrait dissoudre le monopole comme illégitime, et tous sont d'accord sur ce point de départ.

Mais ensuite ils se partagent sur le point de savoir quel est le mode d'exploitation qui doit succéder au monopolé.

Avant de proposer nous-mêmes ce que nous appelons notre solution, nous devons examiner les divers moyens proposés et en faire remarquer, surtout en ce qui concerne ceux qui prennent pour base le maintien du monopole, combien un principe faux engendre de conséquences fausses, et combien il rend toute difficulté inextricable.

Nous espérons, par contre, démontrer à quel point, lorsqu'on prend pour base un principe juste et vrai, toute difficulté s'aplanit, tout devient clair et simple. Nous prouverons une fois de plus qu'un problème bien posé est à moitié résolu.

MAINTIEN DU MONOPOLE

DÉCRET CONTRAIGNANT LA COMPAGNIE DES MINES DE LA LOIRE A AUGMENTER L'EXTRACTION DE LA HOUILLE.

Si l'on part de cette opinion que la hausse du prix de la houille ne provient que de la pénurie, que de l'excédant de la demande, on doit conclure tout naturellement que pour faire cesser la pénurie et rendre l'offre supérieure à la demande, il ne s'agit que de contraindre le monopole à extraire une plus grande quantité de houille.

Avant d'examiner si ce moyen pourrait porter de bons fruits, nous devons signaler une contradiction flagrante; car dans l'application du principe de la propriété individuelle de la houille, il n'y a guère que confusion et contradiction. En effet, si le monopole est légitime, s'il ne peut se constituer qu'en vertu du droit sacré de la propriété individuelle, de quel droit intervenir dans la liberté des transactions? de quel droit forcer un propriétaire à produire plus qu'il ne convient à ses intérêts? depuis quand le gouvernement peut-il s'immiscer dans l'industrie? Nous ne craignons pas de le dire, si le monopole est légitime, l'intervention du gouvernement est un attentat à la propriété, c'est la suppression de la liberté dans les relations commerciales, c'est un précédent funeste, et qui peut se payer cher plus tard.

Il faut être logique avec les principes : si le monopole des houilles est le fruit de la propriété individuelle, attaquer le monopole, c'est attaquer cette propriété.

Donc, contraindre le monopole à extraire, tout en reconnaissant sa légitimité, est un acte d'arbitraire et de violence.

Mais si, au contraire, on prétend pouvoir contraindre le monopole, au nom du droit social, par cela même on nie le droit de propriété individuelle et on affirme le droit de la société sur la houille; pourquoi donc alors employer des demi-mesures; pourquoi, quand on a pour soi le droit, se donner les apparences de l'oppression et de l'arbitraire?

Si le monopole est la cause du mal,

Si le monopole est illégitime,

Il n'y a pas de moyen terme, il faut le dissoudre, et reculer devant cette obligation c'est manquer à ses devoirs envers la société.

Mais laissons la contradiction, et voyons si le moyen est bon.

Le gouvernement a rendu, en octobre 1853, un décret qui, partant de ce principe, que le haut prix de la houille ne provient que de la pénurie, et qu'il suffit, pour faire baisser les prix, de faire cesser cette pénurie, oblige la Compagnie des Mines de la Loire à remettre en activité dix-sept puits, sur vingt-huit qu'elle avait fermés précédemment, pour arriver à produire la disette, et extraire de ces puits 4,000 quintaux métriques de houille par jour.

S'il était vrai que la pénurie fût la seule et véritable cause du haut prix de la houille, il y aurait lieu d'espérer que ce décret ramenant l'abondance, les prix baisseraient ; mais comme les hauts prix sont le fait du monopole et non de la rareté de la houille; puisque, ainsi qu'il ne faut pas l'oublier, la pénurie n'existe que par suite des manœuvres de la Compagnie des Mines, ce n'est pas être trop hardi que d'assurer que ce décret, maintenant l'existence du monopole, n'apportera aucun des heureux fruits qu'on en a attendus, à savoir l'abaissement du prix de la houille.

En effet, pour empêcher la baisse des prix, il suffira à la Compagnie d'emmagasiner toute la quantité que le décret l'oblige d'extraire; et cette obligation ne sera point pour elle une charge trop lourde, dût-elle garder en magasin le produit de deux années de travail.

Car 4,000 quintaux métriques, pour trois cents jours de travail par an, représentent quinze cent mille hectolitres; le produit de deux ans serait donc trois millions d'hectolitres.

Or, emmagasiner trois millions d'hectolitres est une bagatelle pour la société, puisque ce n'est que le cinquième de ce qu'elle extrait actuellement, et que déjà, dans les circonstances les plus défavorables, en 1848, elle a pu opérer, sans diminuer les prix, des approvisionnements bien plus considérables.

Elle le pourrait, par conséquent, bien plus facilement aujourd'hui et avec bien moins de dangers qu'alors, puisqu'elle vend tout ce qu'elle extrait et à des prix tellement élevés que le bénéfice qu'elle fait lui permettrait de couvrir tous ses frais sans avoir besoin de compter sur la rentrée des quantités qu'elle emmagasinerait.

En attendant de cette manière le moment favorable, en accaparant ainsi la houille, elle ne courrait aucuns risques, car il est bien certain qu'avant deux ans la consommation s'accroîtrait dans une proportion plus qu'équivalente, ce qui lui permettrait de vendre à très-haut prix les trois millions d'hectolitres qu'elle aurait pu emmagasiner, résultat bien éloigné, comme on le voit, de celui qu'on avait attendu du décret.

Par ce moyen bien simple, et d'une facile exécution, les hauts prix seraient maintenus et le but du décret serait complétement éludé.

Sans doute que ce décret rendu sous le régime de l'industrie morcelée aurait pu avoir les conséquences qu'en a espérées le gouvernement, parce que, sous ce régime, il aurait suffi qu'il y eût une partie des extracteurs qui, dénués de capitaux, eussent été obligés de vendre au fur et à mesure de l'extraction, ceux-là auraient entraîné les autres. Mais avec le monopole il n'en est plus ainsi.

Car la compagnie, avec ses vastes capitaux, avec ses prodigieuses ressources, avec la faculté d'agrandir son fonds de roulement, peut garder la houille, et malgré une extraction plus considérable, maintenir la pénurie en permanence.

De telle sorte que le gouvernement serait encore obligé de rendre de nouveaux décrets pour forcer encore à une extraction de plus en plus considérable, sans pouvoir aboutir jamais, parce que l'équilibre s'établirait sans cesse entre la production et la consommation.

Et d'ailleurs, en supposant que le gouvernement parvînt à faire extarire tant de houille que le monopole fût obligé de céder, n'est-ce pas une chose dangereuse qu'un pareil précédent, n'est-ce pas rentrer par une autre voie dans le régime du maximum?

A-t-on bien réfléchi à ce qu'il y a d'abusif et de monstrueux d'obliger les producteurs de produire plus qu'il ne se consomme? A-t-on bien compris que c'est la ruine calculée, préméditée, des producteurs ?

Ne vaudrait-il pas mieux dans ce cas dissoudre la compagnie que l'étrangler entre deux portes ?

Mais nous savons bien que la compagnie n'a rien

à craindre sous ce rapport; elle ne sera pas ruinée par ce décret, car si vraiment elle était surchargée de cette quantité de houille, elle a tant de ressources pour y échapper, il lui est si facile de déguiser la vérité et de diminuer sur les puits restés ouverts, l'extraction d'une quantité égale à celle que le décret l'oblige à extraire, que nous ne doutons pas qu'elle n'échappât par ce moyen au décret.

Mais répétons-le encore, le décret de contrainte est injuste et arbitraire si le monopole est légitime, il est un acte de faiblesse si le monopole est illégitime; dans tous les cas il est impuissant.

MAINTIEN DU MONOPOLE

ENTRÉE EN FRANCHISE DES HOUILLES ÉTRANGÈRES.

Ceci est le procédé des économistes, et suivant eux, ce mode est absolument conforme aux lois de la science et aux principes.

Suivant les économistes, l'humanité étant un être abstrait, n'a pas de droits et ne peut être propriétaire de la houille, l'individu seul a des droits et peut en être propriétaire.

Par conséquent ces individus, en vertu du droit de propriété, peuvent en toute liberté user et abuser, vendre, acheter, céder, louer, etc., etc., ce qui fait que le monopole, qui ne provient après tout que de l'exercice du droit de propriété, est légitime.

De telle sorte que l'on part du principe de liberté pour arriver au monopole, qui est la négation de toute liberté.

Malgré cette contradiction qui devrait pourtant faire réfléchir, certains théoriciens ne reculent pas, et comme ils croient leurs doctrines assises sur des bases réelles, ils prennent leur parti du monopole et de toutes les conséquences désastreuses qui en résultent, et le considèrent comme la partie du mal toujours inhérente même aux meilleures choses de ce monde.

Mais ils affirment que la Providence a prévu les abus du monopole et que son inépuisable bonté a donné le remède en même temps que le mal.

Elle a donné la concurrence.

En effet, disent-ils, le monopole ne peut vendre ses houilles à des prix trop élevés que parce que la demande de houille est supérieure à l'offre, parce que les besoins de la consommation dépassent les moyens de la production.

Pour abaisser le prix des houilles, il ne s'agit donc que de renverser la position : amener l'excédant de l'offre sur la demande, amener sur le marché plus de houille que n'en exigent les besoins de la consommation.

Voici la loi, toute la loi, et suivant eux il n'y en a pas d'autre.

Or, pour amener cette abondance de la houille, il ne s'agit tout simplement, à leur avis, que d'ouvrir le marché français aux houilles étrangères et de les laisser entrer en franchise de tous droits.

De telle sorte que la concurrence de ces houilles forcerait, suivant eux, le monopole à donner les siennes à bas prix.

Ce raisonnement spécieux pourrait être à peu près vrai si l'extracteur de la houille se trouvait encore sous le régime des concessions morcelées ; il arriverait probablement dans ce cas que, certains extracteurs des bassins houillers de la Loire, ayant un besoin urgent de vendre pour se créer des ressources, se feraient entre eux une concurrence acharnée pour trouver le débouché. Cette concurrence serait aggravée par la libre entrée des houilles, et finalement il pourrait en résulter des prix favorables.

Malheureusement ces théoriciens oublient qu'il s'agit d'un monopole et non de l'industrie morcelée, et qu'avec le monopole il n'y a plus de loi de l'offre et de la demande; non-seulement l'existence du monopole renverse de fond en comble toutes les théories sur la loi de l'offre et de la demande, mais encore le monopole conduit à d'incroyables absurdités.

Mais, admettons pour un instant la légitimité du monopole des mines de la Loire, et examinons ce que le consommateur peut attendre de la concurrence qui pourrait lui être faite

En premier lieu, dit-on, il n'y a pas en France que le bassin houiller de la Loire ; grâces à Dieu, il en existe de nombreux autres, tels notamment que ceux de Blanzy et de la Grand-Combe dont les produits viendront faire concurrence à ceux de Saint-Étienne, et amèneront forcément l'abondance et la supériorité de l'offre sur la demande.

De plus, si la concurrence des bassins houillers de la France ne suffit pas, il faut y joindre celle de la houille étrangère.

En face de tous ces concurrents il faudra bien que le monopole des mines de la Loire abaisse le prix de ses produits s'il veut en trouver le placement.

Ce raisonnement est bien déduit, il paraît irréfutable, et l'on conçoit qu'il ait séduit tant d'intelligences ; malheureusement la pratique n'est point conforme à la théorie.

Non, la concurrence des bassins intérieurs ne fera pas baisser le prix des houilles, et ce qui le prouve d'une manière péremptoire, c'est que cette concurrence n'a jamais cessé d'exister depuis que le monopole est fondé, et pourtant cela n'a pas empêché le prix des houilles de s'élever de 250 pour 100.

La cause en est facile à trouver, il n'y a pas concurrence entre les mines de la Loire et les autres bassins houillers, parce que ces bassins sont eux-mêmes la proie du monopole, et comme les monopoleurs ne se mangent pas entre eux, comme la paix est plus facile que la guerre, et qu'elle est moins coûteuse, les monopoleurs, au lieu de se battre, se sont embrassés et ont établi une entente cordiale.

Nouvelle féodalité, nouveaux barons. Ils se sont partagé la France : à l'un le Lyonnais, le Forez, le Dauphiné, le Nivernais ; à l'autre la Bourgogne et la Franche-Comté ; à un troisième la Provence et le Languedoc ; à un quatrième la Flandre et l'Artois.

Mais comme la féodalité conduit fatalement à la monarchie, de même un monopole plus puissant que les autres les absorbera tous, afin de pouvoir avec plus de sécurité et plus complétement encore rançonner à merci les consommateurs.

Si ce n'est encore fait, cela se fera tôt ou tard.

Ainsi il s'en est fallu de peu que le monopole de la Loire ne s'emparât des bassins de Blanzy et de la Grand-Combe ; il est vrai que le monopole de Blanzy, comptant sur ses ressources, a refusé, pour cette fois, de se laisser absorber ; mais ce n'est qu'un retard momentané, on doublera le nombre de millions qu'on lui avait offerts et il finira par céder.

Quant au monopole de la Grand-Combe, il n'a fallu rien moins que l'intervention du gouvernement pour empêcher l'absorption; mais il ne faut pas s'y tromper, si, conformément à certaines théories, le monopole est légitime, l'intervention du gouvernement n'a pu avoir lieu que par un acte d'arbitraire. Or, tôt ou tard, le droit règnera; et si le monopole est légitime, il arrivera un moment où le gouvernement cessera d'intervenir dans les transactions, et d'attenter ainsi à la liberté.

De deux choses l'une, ou le monopole sera renversé au nom du principe de la société propriétaire, ou bien si le principe de l'individu propriétaire triomphe, tous les monopoles se fondront en un seul.

Qui donc, dans ce cas, pourrait s'y opposer, les individus propriétaires de houille n'ont-ils pas le droit d'acheter et de vendre; pourquoi donc le monopole légitime de Saint-Étienne ne pourrait-il pas acheter légitimement les monopoles de Blanzy, de la Grand-Combe et autres, est-ce que cela ne serait pas conforme aux droits de la propriété, à la liberté des transactions?

Un monopole général de toutes les houillères de France ne serait pas moins légitime que le monopole de la Loire.

Donc, dans l'avenir, pas plus qu'il n'y en a eu dans le passé, il n'y aura de concurrence à l'intérieur de la France.

C'est un des moyens du bas prix de la houille auquel il faut absolument renoncer.

Voyons donc ce qu'il faut espérer de l'entrée en franchise des houilles étrangères.

Pour que les houilles étrangères pussent faire une concurrence sérieuse au monopole des mines de la Loire, il faudrait que le prix en fût assez bas pour que, nonobstant les frais de transport, ces houilles pussent arriver au cœur de la France.

Car on conçoit que si le prix des houilles était aussi élevé qu'en France, il n'y aurait pas lieu à concurrence.

La libre entrée des houilles ne pourrait donc être un remède au monopole qu'à la condition du maintien en permanence du bas prix des houilles à l'étranger;

Que, pour une raison quelconque, le prix de ces houilles s'élève, et le remède que les économistes proposent demeure sans efficacité.

Eh bien, depuis un an, le prix de la houille, quoique beaucoup moins élevé encore qu'en France, a presque doublé en Angleterre et en Belgique, de telle sorte qu'avant même que l'on ait tenté d'appliquer le remède, on a pu être assuré de son inefficacité.

Or, cette hausse du prix de la houille a eu lieu dans ces contrées, malgré que l'extraction de la houille, nous le croyons du moins, soit opérée encore par l'industrie morcelée.

Donc, il ne suffit pas, ainsi que nous le verrons plus loin et plus en détail, que l'industrie houillère soit livrée au morcellement, pour qu'il en résulte le bon marché de la houille; et c'est l'argument que nous opposerons à ceux qui prétendent que, pour résoudre la question du bon marché, pour le bassin de la Loire, il ne s'agit que de retourner à l'ancien état de choses; nous ferons voir que même en rétablissant purement et simplement cet ancien état de choses, il n'en résulterait pas nécessairement la diminution des prix. Mais nous y reviendrons.

Quoi qu'il en soit, notons, en passant, que le haut prix de la houille, survenu depuis quelque temps en Angleterre et en Belgique, malgré le régime de l'industrie morcelée, a fourni au monopole son argument le plus spécieux; il a pu dire, et il a dit : Ce qui prouve que la hausse des prix de la houille ne provient pas du monopole, et qu'elle n'a d'autre cause que les besoins de la consommation, c'est que les prix se sont élevés à l'étranger par cette cause seule, malgré que l'extraction y soit opérée sous le régime de l'industrie morcelée, dans la même proportion que la hausse qui a eu lieu dans le bassin de la Loire, quoique livré au régime du monopole.

Cet argument est, nous le croyons, celui qui a jeté le plus d'incertitude dans les esprits et qui a donné le plus de perplexité au gouvernement; et, en effet, pourquoi accuser le monopole d'une faute dont il ne serait pas coupable ?

Cet argument, ainsi que nous le verrons plus loin, n'a de valeur qu'au point de vue de la propriété individuelle de la houille.

Il tombe complétement si l'on admet que la société seule soit propriétaire.

Toujours est-il que, dans le moment présent, le monopole de la Loire n'a rien à redouter de la concurrence des houilles étrangères, dont le prix déjà élevé ne pourrait supporter l'augmentation des frais de transport.

Cette hausse ne fût-elle que momentanée, et le retour aux bas prix dût-il avoir bientôt lieu, que le monopole n'aurait pas à en redouter davantage la concurrence.

Et il le sait si bien, qu'au moment même où le gouvernement dégrevait les droits d'entrée en France, la Compagnie des Mines de la Loire décrétait de son côté la plus forte hausse qui ait encore eu lieu (0,45 par hectolitre) en six mois, soit une augmentation subite de 40 pour 100 environ.

En effet, il est impossible que la houille étrangère, même vendue à très bas prix, puisse arriver dans le rayon de consommation qui relève du bassin houiller de la Loire.

Les distances sont si considérables que la houille

étrangère ne pourra jamais les franchir, et les moyens de transports si onéreux qu'elle ne pourra jamais les supporter, quel que soit le bas prix auquel la houille serait vendue en Angleterre et en Belgique.

Ces houilles, pour arriver dans le rayon du bassin houiller de la Loire, auraient à traverser la France entière.

De Saint-Étienne à la Belgique, il y a plus de 700 kilomètres; de Saint-Étienne à Liverpool, il y en a 1,500 peut-être.

Avec des distances pareilles, la houille ne coûtât-elle rien, qu'elle ne pourrait faire aucune concurrence sérieuse.

Les frais de transport leur interdisent de franchir de certaines limites, telles que Paris et Mulhouse pour les houilles belges, Marseille et Nantes pour les houilles anglaises.

Le monopole de la Loire est donc mis à l'abri de la concurrence par la distance, et il peut régner en souverain dans tout l'immense périmètre contenu entre les villes que nous venons de signaler, plus de la moitié de la France.

C'est ici que nous allons pouvoir démontrer à quel degré de monstrueuse absurdité peut amener l'application d'un faux principe.

L'existence du monopole conduit à ce résultat ridicule que malgré la concurrence :

La houille se vendra d'autant moins cher qu'elle coûtera davantage;

Et qu'elle se vendra d'autant plus cher qu'elle coûtera moins.

Le lecteur ne voudra pas croire que cette formule soit vraie; nous allons lui en démontrer la réalité d'une manière irréfutable.

Le plus simple bon sens indique que la houille devrait se vendre d'autant moins cher qu'elle coûterait moins; par conséquent,

Que la houille à Saint-Étienne, prise sur le carreau de la mine, déchargée de tous frais de transport, devrait coûter moins cher qu'à Mulhouse et à Marseille, par exemple, où elle ne peut arriver sans être grevée de frais de transports excessifs; cela est si évident qu'il semble qu'on ne puisse le contester.

C'est le calcul qu'ont dû se faire tous les industriels dont les produits exigent des quantités considérables de houille; c'est pour cela que les usines métallurgiques, les verreries et autres s'établissent presque toujours le plus près possible du lieu d'extraction.

Leur but est d'économiser les frais de transport.

Eh bien, les théoriciens dont nous avons parlé *ont changé tout cela*, et, chose prodigieuse, inouïe, impossible à croire, la houille, avec le monopole et malgré l'entrée en franchise des houilles étrangères, coûtera moins cher à Marseille, à Mulhouse, à Orléans, points éloignés où elle ne peut arriver sans être grevée de frais énormes de transports, qu'elle ne coûtera à Saint-Étienne même, où le prix de revient ne se compose que du prix d'extraction.

Il résulte donc de ces théories, que les industriels qui recherchent la houille à bon marché ont manqué de savoir et de tact; et s'ils avaient eu quelque connaissance de la science ils auraient dû, en prévision du monopole, conséquence nécessaire du droit de propriété individuelle, établir leurs usines, non pas à Saint-Étienne ou dans un rayon très-rapproché, mais à Marseille, mais à Mulhouse, mais à Orléans, points éloignés où doit avoir lieu la rencontre des houilles intérieures et étrangères.

C'est, en effet, sur ce point de rencontre que la concurrence, si concurrence il y a, doit produire son effet, c'est-à-dire amener par la lutte le plus bas prix de la houille.

Mais comme la houille étrangère ne peut arriver à ces limites extrêmes sans être grevée de frais de transport, il est facile de concevoir que ces houilles ne pourront pénétrer au-delà de certaines limites sans que le prix ne s'élève de tous les frais de transport.

Ainsi la houille belge qui, arrivée à Mulhouse, pourrait par supposition se vendre deux francs les cent kilos, ne pourra plus arriver à Dijon si le prix de vente ne s'élève pas à deux francs cinquante.

Or, pendant que le prix de revient des houilles étrangères s'augmenterait de plus en plus en proportion des frais de transport, à mesure qu'elles pénétreraient plus avant, le prix de revient de la houille de l'intérieur diminuerait dans la même proportion.

Il serait naturel de supposer que puisque la houille de l'intérieur reviendrait moins cher à Dijon qu'à Mulhouse, son prix de vente devrait diminuer dans le même rapport ; il n'en sera point ainsi : le monopole n'ayant d'autre limite à son prix de vente que la concurrence des houilles étrangères, profitera de ce que ces houilles ne peuvent pénétrer à l'intérieur que moyennant une augmentation de prix égale au surcroît des frais de transport, et il vendra la houille plus cher à Dijon qu'à Mulhouse, à Châlons qu'à Dijon, à Lyon qu'à Dijon, à Saint-Etienne qu'à Lyon, de telle sorte qu'en vertu du monopole, et malgré la liberté d'entrée, le lieu où la houille se vendra le plus cher sera celui où elle coûtera le moins, c'est-à-dire à Saint-Etienne, parce que ce lieu est le plus éloigné des bassins étrangers qui pourraient lui faire la concurrence.

Il est donc permis d'affirmer que lorsque le monopole sera reconnu, lorsqu'il n'aura plus à craindre les décrets du gouvernement, lorsque les populations endormies dans leur incurie auront perdu la force et cesseront de le menacer, le monopole, disons-nous, réalisant ses conséquences logiques, livrera les houilles à la consommation au prix que coûterait à Saint-Etienne la houille étrangère grevée de tous les frais de transport de Belgique ou d'Angleterre, c'est-à-dire à quatre ou cinq francs les cent kilos, mille pour cent plus cher que le prix de revient.

Le résultat n'est-il pas assez absurde pour démontrer combien est faux un principe qui produit de si monstrueuses conséquences.

Il est vrai qu'on soutiendra que ce résultat logique du monopole ne se produira pas par la raison que l'intérêt du monopole étant de vendre le plus de houille possible, il serait porté naturellement par son intérêt à vendre la houille bon marché pour en provoquer la consommation.

Oui, c'est ce qui se passerait peut-être sous le régime de l'industrie morcelée, mais, avec le monopole, cette espérance n'est qu'une illusion de plus.

Car le monopole a plus de bénéfices à vendre cher et à extraire moins, qu'à vendre plus et à extraire davantage.

Et il le sait bien, car, depuis son origine, depuis dix ans, au lieu de chercher à augmenter la consommation en abaissant le prix, il a constamment tendu à la diminuer par une hausse de prix exagérée, et par la permanence de la pénurie.

Il a triplé ses prix en même temps qu'il fermait la moitié des puits d'extraction.

Et nous devons le dire, dans son intérêt le monopole a eu raison. Le calcul en est facile à faire.

La houille revient actuellement à la Compagnie des Mines de la Loire de 35 à 40 centimes environ l'hectolitre; si le monopole, se contentant de faire les bénéfices ordinaires du l'industrie, se bornait à gagner quelque 10 pour cent, il pourrait céder la houille avec un assez honnête bénéfice à 50 centimes l'hectolitre.

S'il le faisait, il n'est pas douteux qu'en dix ans la consommation, qui est actuellement pour la Compagnie des Mines de la Loire de 15 millions d'hectolitres, s'élèverait rapidement à 30 millions et plus.

30 millions d'hectolitres, livrés à 50 centimes, donneraient au monopole un bénéfice brut de 3 millions.

Tandis qu'en restreignant la consommation, en établissant la pénurie factice, le monopole, il est vrai, ne vend que quinze millions d'hectolitres, mais comme il vend l'hectolitre 1,40 au lieu de 50 centimes, il se trouve faire un bénéfice annuel de 13 millions et demi, soit 10 millions de plus que pour une extraction largement développée.

Nous allons plus loin, nous disons que le jour où le monopole reconnu par le Gouvernement, admis de guerre lasse par la population, n'ayant plus à redouter les agressions de la force brutale, pourra vendre ses houilles 3 fr. l'hectolitre, et on peut être assuré que s'il le peut il le fera. Ce haut prix, il est vrai, achèvera de ruiner l'industrie, et la chassera de ces contrées, il diminuera par conséquent la consommation ; eh bien ! cette réduction atteindra justement le but du monopole.

En effet, malgré la ruine de l'industrie, malgré la diminution des consommateurs, le monopole trouvera encore assez d'acheteurs, soit dans le chauffage domestique, soit dans un assez grand nombre d'industries qui emploient peu de houille, soit au besoin et uniquement dans la consommation des bateaux à vapeur et chemins de fer, pour écouler annuellement au moins dix millions d'hectolitres.

Si la Compagnie extrait 10 millions d'hectolitres et les vend 3 francs, elle touchera 30 millions de francs.

Or, comme le prix de revient de la houille serait environ de 40 centimes, il est clair que 10 millions d'hectolitres qui ne coûteraient à la Compagnie que 4 millions de francs, se vendant 30 millions, il y aurait pour le monopole un bénéfice net de 26 millions ; soit 23 millions de plus que le monopole n'aurait obtenu par le bon marché et l'extraction en grande échelle.

Il est donc bien évident qu'il ne faut nullement

compter sur l'intérêt même du monopole pour en attendre la houille à bon marché, car son intérêt est justement opposé ; d'autant plus qu'en extrayant moins, il devient le maître du marché, il devient l'arbitre souverain des salaires.

Avec une extraction réduite, le monopole ayant plus d'ouvriers sous la main qu'il ne peut en employer, devient le maître d'imposer toutes les conditions qu'il lui plaira ; établissant la concurrence entre eux, il pourra à son gré amener la réduction des salaires, ou augmenter la quantité du travail ; il pourra, en un mot, appliquer toutes les mesures les plus vexatoires.

Tandis que si la Compagnie des Mines de la Loire s'avisait de poursuivre une plus vaste exploitation par le bon marché de la houille, elle ne pourrait plus faire la loi aux ouvriers, dont il lui faudrait un plus grand nombre, elle serait peut-être obligée de leur payer un salaire un peu plus élevé, et l'on conçoit qu'elle ne peut s'exposer à une aussi dangereuse extrémité.

Tout s'oppose donc à ce que le monopole diminue le prix de la houille.

Nous devons assez compter sur l'intelligence de nos lecteurs, pour qu'ils comprennent que les critiques que nous venons de faire ne s'adressent pas plus au décret du gouvernement qui a cherché à faire cesser la pénurie par l'obligation d'extraire davantage, qu'à la libre entrée en franchise des houilles étrangères.

Comment pourrions-nous critiquer le décret du gouvernement, tendant à amener le bas prix des houilles par la cessation de la pénurie, nous qui posons nettement en principe que la société est propriétaire des houilles?

Ne reconnaissons-nous pas par là au gouvernement, le représentant de la société, le droit d'imposer aux individus concessionnaires, pourvu qu'il y ait liberté de contrat, toutes les conditions et garanties nécessaires à sauvegarder l'intérêt de la consommation?

A plus forte raison ne portons-nous pas nos critiques sur l'entrée en franchise des houilles étrangères, car si nous n'en attendons pas une concurrence de nature à amener le bas prix de la houille dans le rayon des mines de la Loire nous reconnaissons que cette libre entrée est de droit et tout à fait nécessaire dans l'intérêt de la consommation de tout le littoral de la France, hors de portée des bassins houillers de l'intérieur.

Nous déplorons que par une législation mal entendue la moitié de la France, et justement celle qui par mer ou par sa proximité ne peut recevoir la houille que des pays étrangers, se trouve complétement sacrifiée et tout à fait déshéritée des moyens d'une bonne industrie.

Nous approuvons donc sans réserves et le décret du gouvernement sur la cessation de la pénurie et l'entrée en franchise.

Ce que nous avons voulu prouver, c'est que l'existence du monopole rompt tout équilibre et qu'il y aura impossibilité flagrante de résoudre le problème houiller, tant que le monopole sera maintenu.

Et nous le disons avec la plus profonde conviction, tant qu'il sera debout, tous les moyens qu'on essaiera ne produiront aucun fruit, et le prix de la houille ne cessera pas d'augmenter.

Nos critiques ne s'adressent qu'à cette doctrine impuissante qui part de la liberté pour arriver au monopole et qui présente comme un remède assuré la concurrence, quand la concurrence est radicalement impossible.

DES EXPÉDIENTS

PROPOSÉS PAR LA COMPAGNIE DES MINES DE LA LOIRE.

Il est bien permis de croire que la Compagnie des Mines de la Loire n'a point péché par ignorance, et que depuis son origine elle a parfaitement calculé toutes les conséquences du monopole, elle a dû prévoir d'avance qu'elle élèverait sans cesse le prix des houilles, qu'elle opérerait pour arriver à son but, la pénurie factice, elle a certainement compris que pour servir des dividendes à ses actionnaires aussi bien que pour donner de larges émoluments à ses directeurs, administrateurs, et états-majors, il fallait opprimer la population et charger outre mesure la consommation; mais elle a dû prévoir aussi que cette hausse du prix de la houille, que l'arbitraire de ses procédés amèneraient la ruine de l'industrie et élèveraient nécessairement contre elle tous les intérêts froissés par les abus du monopole.

Dans cette prévision elle a dû s'arrêter à deux partis : s'assurer l'appui et le concours d'un certain nombre d'industriels les plus importants, afin que les influences personnelles de ces manufacturiers et l'autorité de leur nom pussent exercer sur l'opinion publique et sur le gouvernement une pression favorable aux intérêts du monopole;

D'un autre côté, empêcher les réclamations de toute la moyenne et petite industrie en la frappant de crainte, c'est-à-dire en frappant d'interdit, en refusant la houille à tout industriel récalcitrant. Cette habile prévision a été réalisée tout entière.

La Compagnie s'est assuré l'influence, l'appui, le concours de quelques grands industriels, et triomphante de cet appui, elle a osé prétendre que l'industrie tout entière approuvait le monopole, et que ceux qui s'y opposaient n'étaient que des intrigants ou des ignorants.

D'un autre côté, elle a excommunié certains industriels, elle leur a refusé la houille, ou bien elle la leur a vendue plus cher, ce qui revient au même, ou bien encore elle a refusé de leur livrer la qualité dont ils avaient besoin ; par ce moyen, elle a frappé d'épouvante tous les manufacturiers qui relèvent du bassin de la Loire.

Telle est la raison pour laquelle il a été si difficile d'obtenir de l'industrie des manifestations assez importantes pour émouvoir l'autorité. En effet, chacun de ces industriels craignant de se signaler à la haine de la Compagnie, craignant une ruine certaine par le fait de l'interdit, se résignait à souffrir, sans oser se plaindre.

Et pourquoi ne l'avouerions-nous pas à notre honte : si nous-même avons gardé le silence pendant dix ans, c'est que nos manufactures conservaient un reste de prospérité, nous donnaient encore quelques bénéfices que nous avions peur de perdre le jour où, ayant osé attaquer le monopole, nous serions forcés de fermer nos ateliers, par le fait du refus de la Compagnie de nous fournir de la houille.

Mais au point de vue où le mal en est arrivé pour nous, nous n'avons plus rien à craindre, et nous pouvons sans crainte braver l'excommunication.

Comment le monopole a-t-il pu s'assurer le

concours et l'appui d'un certain nombre d'industriels importants? comment a-t-il pu les entraîner à sa suite, malgré les maux évidents qui résultent pour l'industrie de la hausse de la houille?

Il les a entraînés, comme il avait entraîné autrefois les anciens propriétaires des houillères, par l'emploi des arguments irrésistibles; il a obtenu leur appui; il a fait taire leurs scrupules en les couvrant d'avantages.

Nous ne voulons point faire ici de personnalités, mais nous ne pouvons nous dispenser de rappeler ici ce que tout le monde connaît.

A certains industriels, le monopole a accordé des marchés de houilles à long terme et à très bas prix.

Par ce moyen, ces industriels, assurés d'obtenir la houille à bas prix, pendant que leurs concurrents la payeraient très-cher, trouvaient la possibilité de les écraser, et d'augmenter ainsi illicitement leurs bénéfices.

On a ainsi obtenu le concours des moins récalcitrants.

A d'autres plus influents, plus capables, plus énergiques, on a fait d'autres propositions : au bas prix des houilles, on a ajouté des emplois, des émoluments; on en a fait des membres de l'administration, des directeurs, des gérants, etc.

Et par ce moyen les adversaires les plus acharnés, au début du monopole, abandonnant la cause de l'intérêt général, se sont tournés de son côté.

C'est ce qui explique pourquoi la Compagnie peut s'appuyer sur de grands noms.

Mais comme la Compagnie ne peut désintéresser tout le monde, il se trouve que cette manœuvre, loin de diminuer les réclamations, n'a fait qu'aggraver le mal et exciter les plaintes et les haines.

En effet, du moment que le monopole s'est arrogé le droit de vendre la houille, suivant son caprice ou ses intérêts, plus cher aux uns qu'aux autres, il est arrivé que tous les industriels qui ont continué de payer cher ont été sacrifiés à leurs concurrents auxquels la houille était donnée à meilleur marché.

Par ce moyen, il n'y a plus d'industrie possible que pour les industriels protégés par le monopole ; tous ceux qui lui déplaisent sont ruinés et obligés de s'expatrier.

Cet état de choses produit inévitablement pour conséquence l'absorption de toutes les industries par le monopole ; bientôt la Compagnie des Mines de la Loire, de même qu'elle a monopolisé l'extraction, le transport, la vente de la houille, la fabrication du coke, monopolisera la fabrication du fer, de l'acier par le même procédé au moyen duquel elle a déjà entrepris de monopoliser la verrerie. Et tous ceux qui exercent aujourd'hui ces diverses industries ou devront abandonner leurs manufactures, ou se verront forcés de subir les injonctions du monopole.

De telle sorte que producteurs et consommateurs seront réduits en servage, avec cette seule différence qu'au lieu de payer une fois la dîme comme jadis à la féodalité nobiliaire, ils la payeront dix fois à cette féodalité financière qui, en si peu de temps, a presque conquis la France.

Il suffit d'un exemple pour faire juger des dangers qui résultent de cette puissance du monopole.

Il existait sur le périmètre du bassin de la Loire de nombreuses verreries qui, de temps immémorial, étaient une source de richesses aussi bien pour les ouvriers que pour les propriétaires. Toutes ces verreries écoulaient leurs produits, et moitié par le fait de la concurrence, moitié par les progrès accomplis, ces produits d'excellente qualité étaient livrés à des prix très favorables à la consommation.

L'exemple du monopole fondé par la Compagnie des Mines de la Loire était trop facile à imiter pour ne pas tenter les monopoleurs.

En effet, sous les auspices de la Compagnie des mines de la Loire et pour ainsi dire sous la direction des mêmes hommes, à l'instar du monopole des houilles, il s'est formé un monopole des verres. Tous les industriels verriers, sauf un seul qui en cela a montré le courage d'un citoyen et d'un homme d'honneur et de cœur, se sont fusionnés et par ce moyen ont dès ce moment supprimé toute concurrence.

De telle sorte que la consommation des verres fera les frais du monopole, et aura l'avantage de les payer vingt, cinquante, cent pour cent plus cher qu'ils ne se vendaient avant le monopole verrier.

Quant à l'industriel récalcitrant, ce courageux ennemi du monopole dont nous serions heureux de citer le nom si nous y avions été autorisés, celui-là le monopole de la Loire s'est chargé d'en avoir raison; du premier abord il lui a refusé de la houille, puis il n'a voulu lui donner que de la houille de mauvaise qualité, et enfin il la lui a vendue plus cher; de telle sorte que ce digne manufacturier n'a plus qu'à opter entre la ruine, s'il persiste à ne pas vouloir se laisser absorber par le monopole verrier, ou le déshonneur si, abandonné par le gouvernement, par ses concitoyens, il se voit forcé pour éviter la ruine de demander sa jonction au monopole.

La Compagnie des mines de la Loire a cherché aussi à obtenir le silence des villes qui se trouvent situées sur les lieux d'extraction, et des populations pauvres.

C'est ainsi qu'elle a proposé à la ville de Saint-Étienne de céder à ses habitants des houilles à 10 centimes par hectolitre au-dessous du prix courant; mais ces propositions ont été rejetées avec indignation, en ce sens qu'elles étaient injustes et partiales, et surtout qu'elles étaient insuffisantes même à soulager le mal.

Elles étaient injustes et partiales, puisqu'elles étaient contraires au droit social. En effet, les houilles sont une richesse commune appartenant à tous sans distinction, aussi bien à grande distance que sur les lieux d'extraction.

Les consommateurs éloignés, abstraction faite des frais de transport, ont donc les mêmes droits au bon marché que les consommateurs les plus voisins.

Donner la houille à plus bas prix aux uns qu'aux autres, aurait été un déni de justice, une spoliation envers les consommateurs moins favorisés.

Quant à l'insuffisance, elle est flagrante. Qu'importe, en effet, une diminution de 10 centimes, quand il s'agit d'une augmentation, pour la Compagnie, de 1 franc aujourd'hui, mais qui demain peut-être sera de 2 francs et plus?

Si la ville de Saint-Étienne avait accepté cette soi-disant concession, elle aurait vendu son droit d'aînesse pour un plat de lentilles.

La Compagnie des Mines a également proposé de rétablir les affouages en faveur des consommateurs pauvres (on appelle affouages un droit d'obtenir la houille à de certaines conditions avantageuses pour la population de telle ou telle circonscription).

Mais à quoi reconnaîtrait-on la pauvreté, et par conséquent le droit à l'affouage? Faudra-t-il donc, pour avoir la houille à bon marché, avoir un certificat d'indigence? Et d'ailleurs encore, de quel droit les indigents d'une commune auraient-ils la houille à bas prix plutôt que les indigents de toutes les autres communes?

Non, non, il n'y a pas de milieu : ou le monopole est légitime et il a le droit de faire tout ce que bon lui semble, de vendre cher aux uns, bon marché aux autres, de s'emparer ainsi de toute l'industrie;

Ou bien il est illégitime, et, dans ce cas, il faut le détruire au plus tôt comme la machine la plus dangereuse, la plus perverse et la plus oppressive.

DISSOLUTION DU MONOPOLE.

Il n'y a pas à tergiverser, on ne peut demander la dissolution du monopole qu'en admettant nettement le principe que nous avons posé.

La société seule est propriétaire.

L'individu n'est que concessionnaire.

L'admission franche de ce principe peut seule autoriser la demande de dissolution; ne pas oser l'admettre et n'en persister pas moins à demander la dissolution est un acte de faiblesse et une inconséquence. De quel droit solliciterait-on du gouvernement un acte de spoliation, un acte d'arbitraire?

Que dit la loi? Que toutes les fois que l'intérêt général exige qu'un individu soit dépossédé de ce qui fait l'objet de sa propriété, une expropriation pour cause d'utilité publique doit avoir lieu. Mais après stipulation d'une indemnité allouée à l'individu dépossédé, destinée à lui rembourser ce dont il ne peut être privé, à savoir : la valeur qu'il avait mise ou prouvée par son travail à l'objet qui donne lieu à l'expropriation.

Que signifie ce droit d'expropriation, sinon qu'au dessus du droit individuel il y en a un permanent, supérieur, qui est celui de la société?

Appliquons ce principe aux monopoles des mines et nous reconnaîtrons que les mines de houille appartenant à la société en nue propriété, l'expropriation pour cause d'utilité publique est de droit, mais moyennant stipulation d'une indemnité envers les possesseurs actuels.

Et ce qui prouve que la société n'a jamais été dépossédée en ce qui concerne les mines et qu'elle a constamment maintenu son droit, ce qui prouve qu'elle est propriétaire, c'est que c'est elle qui accorde les concessions; qu'aucun individu ne peut exploiter une mine sans avoir obtenu son consentement, et que le gouvernement, représentant la société, impose des conditions d'exploitation et de certaines garanties, ce qu'il ne peut faire qu'à titre de propriétaire.

De quel droit réglementerait-il et mettrait-il de certaines conditions à la concession des mines, si ce n'était à titre de propriétaire?

Nous avions donc eu raison de dire que la théorie du droit de la société propriétaire n'était qu'un principe déjà adopté en fait, et mis en pratique par la législation.

Donc, pour rentrer dans la libre disposition de la propriété sociale, le gouvernement peut et doit décréter l'expropriation, pour cause d'utilité publique, de la Compagnie des Mines de la Loire; mais, toutefois, après stipulation d'une indemnité.

Voici un point sur lequel tout le monde est d'accord.

Le même accord n'existe pas sur ce que le gouvernement doit faire lorsque, par expropriation, il sera rentré dans la propriété sociale des mines.

Et l'existence d'opinions divergentes à ce sujet n'a pas peu contribué à troubler le gouvernement, à empêcher son initiative, et à consolider le monopole.

Car il ne suffit pas, pour résoudre le problème, que le gouvernement rentre dans la propriété sociale, il faut encore que le mode qui succédera au monopole soit de beaucoup plus avantageux pour la consommation, sinon il ne vaudrait pas la peine d'entreprendre une œuvre aussi importante.

Sauf quelques points de détail, tous les moyens proposés jusqu'à ce moment peuvent se résumer en deux propositions :

1° Dissolution du monopole; exploitation des mines par l'Etat.

2° Dissolution du monopole; retour à l'ancien régime de l'industrie morcelée.

DISSOLUTION DU MONOPOLE,

EXPLOITATION PAR L'ÉTAT.

En ce qui concerne l'exploitation par l'Etat, nous devons déclarer hautement que nous nous rallions en ceci à la vive répugnance manifestée par les économistes.

Avec eux, nous croyons que ce mode, qui remplacerait le monopole des particuliers par le monopole de l'État, ne pourrait offrir aucun avantage à la consommation; et, monopole pour monopole, nous avouons préférer le monopole des particuliers, parce qu'au moins ce dernier peut être attaqué par la publicité, peut être mis en cause devant l'opinion publique, on peut même discuter son principe, tandis que toute attaque au monopole du gouvernement deviendrait un crime d'État.

Oui, nous préférons le monopole actuel, parce qu'au moins il ne s'appuie pas sur une armée de cinq cent mille hommes, et il n'a point à son service une nuée de juges et de gendarmes.

Parce qu'enfin l'État, ayant à juger les discussions entre son monopole et les particuliers, se trouverait juge et partie, et ses jugements seraient sans appel.

Nous repoussons le monopole de l'État, parce que, bien plus encore que le monopole actuel, il serait la négation de toute liberté.

Avec le monopole de l'État, plus de liberté pour les ouvriers, plus de liberté pour le consommateur.

Les ouvriers seraient enrégimentés et soumis à la plus sévère discipline.

Les consommateurs, n'ayant aucun moyen de faire entendre leurs réclamations, deviendraient la chose du monopole d'État.

Nous connaissons la bureaucratie, nous l'avons vue à l'œuvre, et nous savons ce qu'on doit en attendre.

Nous savons comment elle accueille même les plaintes les plus légitimes.

Avec le monopole de l'État, toute liberté d'opinion pourrait être enlevée ; l'État pourrait accorder ou refuser la houille aux consommateurs, car s'il s'est déjà rencontré des gouvernements corrompus, peut-on espérer qu'il ne s'en trouvera jamais dans l'avenir qui, disposant ainsi de la fortune ou de la ruine des particuliers, leur accordera ou leur refusera la houille selon qu'il les considérera comme amis ou ennemis, transformant ainsi la distribution de ce premier élément de l'industrie, en un moyen puissant de terreur et de corruption.

Le monopole de l'État ne pourrait-il être en aucun cas la proie de la routine? accueillerait-il facilement le progrès et les améliorations ?

Ce monopole ne serait-il pas d'ailleurs un funeste précédent? car si l'État exploite les houillères par ses employés, ne pourrait-il pas tout aussi bien essayer d'exploiter d'autres industries, repoussant ainsi de plus en plus l'initiative individuelle si précieuse?

Il serait à la rigueur possible d'admettre le monopole de l'État si au moins il devait en résulter la diminution du prix de la houille.

Mais hélas, le passé parlant pour l'avenir, n'est-il pas permis de craindre qu'à la première difficulté, un gouvernement ayant sous la main un moyen si facile de se procurer des ressources, ne considérât la houille comme une matière fiscale ? saurait-il résister à la tentation ? Et s'il y succombait, la houille n'irait-elle pas rejoindre dans ce cas par ses hauts prix, le sel, la poudre et le tabac?

Ne se trouvera-t-il jamais un gouvernement, sous

lequel le prix de la houille puisse s'élever de beaucoup par les émargements des nombreux états-majors, par les sinécures, les gaspillages, les concussions peut-être ?

N'existe-t-il aucun exemple de certains travaux publics accomplis par l'État, ayant coûté beaucoup plus cher que s'ils avaient été accomplis par l'industrie privée ?

Tous ces vices du monopole de l'État sont malheureusement assez fréquents, même actuellement dans certaines contrées de l'Europe, pour qu'il soit permis de ne pas voir sans effroi une matière première aussi nécessaire que la houille, soumise aux influences politiques, de telle sorte que la consommation pourrait sans cesse avoir à redouter d'être pressurée au moyen d'une hausse de prix suivant que le gouvernement qui serait à la tête de la nation aurait des vues plus ou moins favorables à l'industrie.

Telles sont les raisons, et il y en a bien d'autres, qui, selon nous, doivent empêcher l'exploitation des houillères par l'État.

DISSOLUTION DU MONOPOLE,

RETOUR
A L'ANCIEN RÉGIME DES CONCESSIONS MORCELÉES.

Beaucoup de personnes qui ne comprennent pas que s'opposer aux conséquences naturelles d'un principe, c'est s'opposer à ce principe lui-même, que s'opposer au monopole de la houille, par exemple, qui est, ainsi que nous l'avons vu, la conséquence obligée du droit de propriété individuelle de la houille, c'est admettre le principe opposé, la société propriétaire de la houille ; beaucoup de gens, disons-nous, s'imaginent que l'on peut maintenir la propriété individuelle de la houille tout en prévenant ses conséquences, à savoir le monopole et le haut prix de la houille, et pour arriver à ce résultat voici ce qu'ils proposent (1) :

La dissolution du monopole, non plus comme illégitime et au nom d'un principe, mais seulement comme illégal, et le retour de l'industrie houillère

(1) Nous faisons ici allusion aux personnes qui, tout en demandant la dissolution du monopole, croient utile de se livrer à de vives protestations en faveur du principe de la propriété individuelle des mines de houille.

Nous comprenons bien leur intention : elles voudraient arriver au but, la diminution du prix de la houille, par un moyen détourné, sans avoir à heurter des préjugés qu'elles supposent au régime des concessions morcelées, conservant pour base la propriété individuelle des mines de

trop enracinés et trop solidement établis pour pouvoir être impunément attaqués.

Malheureusement, il est difficile de flatter à la fois le pour et le contre; on n'ose pas attaquer le monopole au nom du grand principe de la société propriétaire, on en est réduit à l'attaquer comme illégal; mais comme le monopole a pour lui des amis savants et dévoués, très-familiers avec le maniement des armes légales, il n'a pas de peine à trouver dans la loi autant de titres en sa faveur qu'il peut y en avoir contre.

De telle sorte qu'au point de vue légal, que suivant la lettre de la loi, la question est à peu près insoluble.

Quant à nous, nous croyons toutes ces précautions, tous ces ménagements parfaitement inutiles; la question est percée à jour, le gouvernement sait à quoi s'en tenir, et il sait bien qu'en qualité de mandataire de la société, il a à faire valoir d'autres moyens qu'une chicane sur la lettre de la loi.

L'opinion publique, de son côté, est complétement édifiée sur les prétendus dangers qu'il pourrait y avoir à attaquer la propriété individuelle des mines; il nous semble donc qu'il est bien temps de mettre à bas un masque qui ne trompe plus personne et qui ne fait que donner des forces au monopole, lequel profite seul de la crainte superstitieuse que l'on cherche si soigneusement à entretenir sur des dangers chimériques.

Il est grandement temps de mettre fin aux inconséquences, aux contradictions, et de se décider franchement, nettement à reconnaître que de deux choses l'une, ou l'individu est propriétaire de la houille, et dans ce cas, en vertu du droit de propriété, le monopole est légitime, et dans ce cas, au lieu de l'attaquer, il faut le protéger.

Ou bien, si l'on persiste à provoquer la dissolution du monopole, on ne peut l'obtenir qu'au nom du principe de la société propriétaire.

houille par les concessionnaires. Seulement, on prendrait cette fois des précautions plus sûres pour empêcher le retour au monopole et l'élévation des prix de la houille.

C'est ainsi qu'on s'opposerait soigneusement à l'annexion de plusieurs concessions, partant de cette idée fausse que le monopole ne peut provenir que de la réunion de plusieurs mines, comme si le monopole, nouveau Protée, ne pouvait pas trouver mille formes nouvelles de se constituer et de déjouer les prévisions.

C'est encore ainsi que l'on amènerait la baisse du prix de la houille en prévenant la pénurie au moyen d'une obligation imposée aux nombreux concessionnaires d'extraire chaque jour une quantité déterminée de houille.

Cette proposition est celle qui a réuni jusqu'à ce moment le plus grand nombre de suffrages, et la faveur dont elle jouit est facile à concevoir. Les populations du bassin houiller de la Loire n'ont point encore oublié que tant que le monopole n'a pas été constitué, tant que la houille a été abandonnée au régime de l'industrie morcelée, les prix ont toujours été très-bas; personne n'a oublié qu'il y a dix ans, la houille de première qualité ne valait que 40 centimes l'hectolitre, tandis qu'aujourd'hui la houille de mauvaise qualité vaut 1 fr. 35 centimes et au delà.

Il est donc très-naturel d'attribuer les bas prix à 'industrie morcelée, puisque tant qu'elle a existé, ces bas prix se sont maintenus, et d'en conclure que le retour au régime des concessions morcelées comme autrefois serait le retour au bas prix.

On oublie, hélas ! que les conditions ne sont plus aujourd'hui ce qu'elles étaient il y a dix ans, qu on ne remonte pas au passé, on oublie que le monopole n'est que la conséquence d'un faux principe, la *propriété individuelle des mines*, et que frapper ce monopole et réserver le principe, c'est frapper le bras et non la tête, c'est s'attaquer aux effets tout en maintenant la cause, qui par une logique irrésistible reproduira toujours sous une forme ou sous une autre les mêmes désastreux effets.

Ce qu'on propose ici n'est qu'une capitulation de principes, une demi-mesure, et cette réforme si toutefois elle a lieu, aura le sort de toutes les capitulations, de toutes les demi-mesures, elle ne produira aucun effet utile, seulement elle soulèvera tant de difficultés, elle créera tant de complications inextricables qu'en fin de compte, pour en sortir, on rétablira le monopole, et on aura décuplé ses forces et reculé le progrès pour de longues années.

Toutefois, avant de démontrer que cette proposition ne peut réaliser toutes les espérances qu'elle a fait naître, nous devons reconnaître qu'à de certains points de vue, que dans de certaines conditions, qui ne se réaliseront, il est vrai, probablement jamais, telles que le ralentissement de la consommation, par exemple, amenant la supériorité de l'offre sur la demande, elle pourrait produire que-ques effets avantageux.

Il n'en faut pas davantage pour que nous nous y ralliions dans le cas, ou nous perdrions l'espérance de voir adopter un système plus simple, plus logique, plus conforme aux principes, et par conséquent plus capable de produire les résultats que l'on attend.

Nous avons dit que, de même qu'il arrive à toutes les capitulations de principes et à toutes les demi-mesures, cette proposition soulèverait des difficultés sans nombre, et aboutirait finalement à l'impuissance.

En effet, supposons que le Gouvernement, en dehors de tout principe et par un acte d'arbitraire, car nous persistons à admettre que du moment que l'on accepte le principe de propriété individuelle, le monopole est légitime, le Gouvernement, disons-nous, portant atteinte au droit de propriété individuelle, opère la dissolution du monopole de la Loire

Admettons, en outre, que le Gouvernement se gardera bien de vouloir extraire lui-même, et que, suivant les innombrables demandes qui lui ont été faites, il ne se proposera d'autre but que de rétablir le plus tôt possible l'ancien régime des concessions morcelées, ayant pour base la propriété individuelle. Acceptons encore qu'il ne le fera qu'en établissant de certaines entraves, qu'en prenant de certaines précautions.

Cherchera-t-il, ainsi que certaines personnes l'ont conseillé un peu légèrement, à passer l'éponge sur les faits accomplis, à considérer les dix ans qui viennent de s'écouler, et tous les actes perpétrés par le fait du monopole, comme n'ayant jamais existé? En un mot, supprimant le temps écoulé, cherchera-t-il à rétablir les choses telles qu'elles étaient au moment de la création du monopole?

Cherchera-t-il à remettre chaque concession au propriétaire qui la possédait alors?

Nous ne le croyons pas, car c'est tout bonnement impossible.

Les anciens propriétaires n'existent plus, les uns sont morts, d'autres ruinés, d'autres se sont livrés à d'autres professions. Ira-t-on arracher ces hommes à la mort, à la ruine, les contraindra-t-on eux et leurs héritiers pour les condamner aux mines à perpétuité?

Forcera-t-on les anciens propriétaires à rapporter les sommes qu'ils ont reçues? Mais ces sommes ont changé de mains, mais elles sont aujourd'hui en des mains tierces.

Non, non, le retour pur et simple à l'ancien état de choses n'est pas possible.

Le Gouvernement, mis en possession des mines de houille, doit donc accepter le fait accompli.

Mais puisque le Gouvernement ne pourra réintégrer les anciens propriétaires, que fera-t-il des concessions?

Les donnera-t-il à ses amis? les vendra-t-il à l'enchère? et, dans ce cas, comment et à quel titre?

Sans entrer ici dans l'examen des difficultés innombrables que cette transformation ainsi opérée pourra créer, nous nous bornerons à constater que, quelle que soit la prudence du gouvernement, quelles que soient les précautions, obligations, restrictions qu'il imposera aux nouveaux concessionnaires, rien ne prévaudra contre l'application d'un faux principe.

Du moment que des individus demeureront propriétaires, du moment qu'ils n'auront d'autre guide que leur intérêt individuel, ils déjoueront les prévisions du gouvernement, et à peine le monopole actuel sera-t-il dissous, qu'un nouveau monopole sous une forme ou sous une autre se constituera de nouveau, ne fût-ce que par le concours d'une ou de plusieurs puissantes maisons de commerce achetant toute la houille de toutes les concessions, car nous ne pouvons supposer que le gouvernement interdise la vente de la houille aux commerçants. A défaut de ce moyen, il y en a cent autres connus ou inconnus que l'on saura bien découvrir et appliquer.

Mais allons plus loin, et supposons que des précautions seront assez habilement prises pour empêcher le retour du monopole. Nous n'en demeurons pas moins persuadés que le retour à l'industrie privée du morcellement est impuissant aujourd'hui à ramener ce bas prix de la houille.

En effet, pour que la houille fût à bon marché, il faudrait admettre :

Que les extracteurs de houille se feront concurrence entre eux, et qu'ils offriront la houille au rabais.

Mais les extracteurs ne se feront concurrence que dans le cas où un certain nombre d'entre eux, dénués de capitaux suffisants, seront obligés, pour se créer des ressources, de vendre chaque jour au fur et à mesure de la production ;

Ou bien encore il faudrait admettre que les besoins de la consommation seront de beaucoup inférieurs à la production.

Mais si les concessionnaires ont des capitaux suffisants qui leur permettent d'attendre, si les besoins de la consommation approchent ou dépassent les moyens de production,

Le prix de la houille ne baissera pas, et il pourra

même augmenter tout comme si le monopole continuait d'exister;

Le retour au morcellement ne produira ni l'une ni l'autre cause du bon marché;

Les nouveaux extracteurs ne se feront pas concurrence;

Les besoins feront équilibre avec la production;

Les nouveaux extracteurs ne se feront pas concurrence, par la raison que chaque concession, au lieu de tomber, comme autrefois, entre les mains de simples particuliers en état de gêne et obérés de dettes, parviendra entre les mains solides de sociétés montées par actions, ayant des capitaux suffisants, et pouvant, sans se gêner, emmagasiner la houille et attendre la demande.

Sans doute, autrefois les propriétaires de houille se faisaient concurrence parce que la moitié d'entre eux avaient besoin de vendre quand même et que la consommation était très limitée. A cette époque, c'était en effet à qui donnerait à plus bas prix, pour s'assurer le débouché; mais du moment que les nouveaux concessionnaires munis de capitaux pourront attendre le moment où les besoins se manifesteront, le prix de la houille montera, c'est une chose certaine, et l'on peut croire que les compagnies concessionnaires sauront bien trouver le moyen de s'entendre pour arriver à ce résultat.

Mais, dira-t-on, les nouveaux concessionnaires

ne seront pas tous des sociétés par action, il peut se faire en effet, ce que nous ne croyons pas pour notre compte, que quelques individus audacieux chercheront à tenir tête à de puissantes sociétés; dans ce cas, on peut prédire d'avance ce qui se passera.

Les sociétés riches et puissantes se coaliseront pendant quelque temps, elles vendront la houille à très-bas prix, jusqu'à ce qu'elles aient amené la ruine des intrus, et, une fois cette ruine accomplie, la hausse recommencera de plus belle.

Mais il n'est pas nécessaire de prévoir ces éventualités; le développement actuel des besoins de la consommation suffirait seul pour maintenir les hauts prix de la houille, surtout pour peu que les concessionnaires y missent la moindre bonne volonté, et il est permis de croire qu'ils n'y manqueraient pas.

Il y a vingt ans à peine, l'industrie était encore dans l'enfance, la consommation du bois était encore dans les usages de la vie privée; les bateaux à vapeur n'étaient point inventés; les chemins de fer n'existaient pas. On conçoit donc qu'à cette époque la production de la houille devait dépasser de beaucoup les besoins de la consommation. A cette époque également, la plupart des concessions appartenaient à des propriétaires besoigneux obligés de vendre chaque jour la houille extraite, afin de se créer des ressources.

Les conditions du bon marché se trouvaient donc réunies.

Mais aujourd'hui que l'industrie a pris un développement sans limite ; que le plus mince atelier a sa machine à vapeur ; que la houille est entrée tout à fait dans les usages domestiques ; que les bateaux à vapeur sillonnent et les mers et les fleuves ; que les chemins de fer rayonnent sur tous les points du territoire ; il est de toute évidence que la consommation s'est considérablement accrue déjà, et qu'elle s'accroîtra chaque année dans une progression croissante ; de telle sorte qu'il suffira qu'un certain nombre de concessionnaires aient assez de capitaux pour pouvoir emmagasiner une partie de leur extraction, et attendre la demande, au lieu de s'offrir aux besoins de la consommation, pour établir et perpétuer la pénurie, et par conséquent pour empêcher la diminution du prix de la houille.

L'Angleterre et la Belgique nous en donnent aujourd'hui un exemple assez concluant pour qu'il ne soit pas possible de continuer à assurer que le retour pur et simple à l'ancien régime de l'industrie morcelée soit un remède d'un effet certain aux maux dont on accuse le monopole.

Mais, dit-on généralement, si le haut prix ne provient en réalité que des besoins de la consommation et non de tel ou tel régime, de tel ou tel mode d'organisation, puisque la houille peut être d'un prix aussi élevé avec l'industrie privée qu'avec le monopole, ce haut prix est un mal sans remède et, si la dissolution du monopole ne peut pas produire une diminution notable, il ne vaut vraiment pas la peine de le renverser.

Mais nous croyons qu'il y a un remède; nous croyons qu'il est possible d'empêcher les extracteurs de houille d'exploiter les besoins, et de s'enrichir seulement aux dépens de la consommation.

III

UNE SOLUTION

DE LA

QUESTION DES HOUILLES.

Nous n'avons pas la prétention de présenter une solution parfaite et définitive ; mais quelle que puisse être son insuffisance, nous n'en admettons pas moins que, pour qu'une solution de la question des houilles puisse être généralement adoptée, et pour qu'elle soit reconnue comme scientifique, elle doit résoudre à la fois toutes les difficultés, tous les problèmes, et donner satisfaction à tous les intérêts légitimes.

Une solution qui ne donnerait satisfaction qu'à certains intérêts légitimes et non à tous, ou qui laisserait subsister comme insoluble une partie du problème, et une partie des difficultés, cette solution ne devrait pas être admise; car elle ne pourrait qu'augmenter les embarras de la situation.

Nous n'hésitons pas à déclarer qu'une solution vraie doit réaliser les points importants suivants :

1° Faire parvenir la houille à la consommation au plus bas prix possible, et sans alternative de hausse et de baisse, sur tous les lieux qui relèvent du bassin houiller ;

2° Respecter de la manière la plus complète la liberté de transaction, la liberté de production et la liberté de consommation ;

3° Satisfaire tout à la fois les intérêts légitimes des possesseurs actuels, des extracteurs futurs et des consommateurs;

4° Réunir tout à la fois tous les avantages de l'association, et tous ceux de l'industrie morcelée.

Comme on le voit, nous n'avons pas dissimulé la grandeur du problème ; on ne nous accusera pas de l'amoindrir. Mais quelles que soient les difficultés apparentes qu'il présente, quelle que soit l'importance de chacune des questions que nous venons de signaler, nous croyons qu'il y a dans l'application d'un principe vrai une telle puissance, unie à une telle simplicité, que ce qui paraissait impossible devient facile.

Solution proposée.

1° Dissolution du monopole;

2° Expropriation pour cause d'utilité publique de tous les possesseurs actuels de houillères du bassin de la Loire sans aucune exception, et suivant les usages ordinaires;

3° Exploitation provisoire par l'État jusqu'au moment le plus rapproché possible de l'organisation définitive;

4° Concentration de toutes les anciennes concessions en un certain nombre de groupes suivant les convenances géologiques et commerciales;

5° Mise en adjudication, à l'enchère publique, de chacun de ces groupes avec établissement d'un cahier des charges contenant toutes les clauses et conditions que le gouvernement croira devoir imposer pour garantir l'intérêt général;

6° Les concessions seront accordées au plus offrant et dernier enchérisseur, la surenchère sera établie par le prix le plus bas auquel le soumissionnaire s'engagera à livrer la houille sur le carreau de la mine pendant toute la durée de la concession;

7° La durée d'une concession ne pourra être de plus de vingt-cinq ans.

EXPLICATIONS

A L'APPUI DU PROJET PROPOSÉ.

D'après notre proposition, le Gouvernement devrait donc, sans délai, au nom de la Société, dont il est le représentant, décréter l'expropriation forcée, pour cause d'utilité publique, de tous les possesseurs actuels de houillères du bassin de la Loire, sans exception.

En effet, l'intérêt individuel ne devant pas être sacrifié même à l'intérêt général, le gouvernement devrait immédiatement instituer un jury d'expropriation, lequel aurait à constater l'état des valeurs existantes, et à stipuler en faveur des possesseurs actuels une indemnité proportionnelle à ces valeurs, et à la plus-value, provenant du fait même des possesseurs. Quant à la plus-value provenant du fait de la consommation, elle ne doit donner lieu à aucune indemnité en faveur des possesseurs; cette plus-value appartenant de droit à la consommation qui l'a créée.

Une fois l'indemnité stipulée, et le gouvernement au nom de la société, remis en la possession des houillères, l'exploitation de ces houillères devrait être provisoirement opérée pour le compte de l'État; mais seulement jusqu'au moment où une organisation définitive serait établie.

Cette exploitation provisoire par l'État serait de toute nécessité pour empêcher l'nterruption dans l'alimentation de la consommation; interruption qui ne pourrait avoir lieu sans causer les plus graves dommages à la société.

Comme on le voit, nous nous séparons complétement de ceux qui demandent que le gouvernement se hâte de remettre les houillères à la propriété individuelle, et cela à perpétuité, sauf quelques précautions à prendre.

Nous demandons que la Société demeure à jamais propriétaire, et qu'elle concède à l'industrie morcelée, non pas la propriété à perpétuité avec tous ses droits et toutes ses conséquences, mais seulement l'usufruit, seulement la jouissance, et cela encore pour un temps déterminé; afin qu'à l'expiration des délais, la Société, profitant de l'expérience du passé, puisse obtenir des améliorations et des conditions plus avantageuses pour elle.

Le gouvernement devrait donc au nom de la société, ainsi qu'il a fait pour les chemins de fer, mettre en adjudication la concession des houillères.

En demandant que le gouvernement mette en adjudication à l'enchère l'exploitation des houillères, nous ne demandons après tout qu'une chose juste et déjà usitée; c'est que l'on adopte pour le combustible enfoui sous terre, le même régime que l'on applique déjà au combustible que l'on trouve à la surface. Ainsi le gouvernement, pour l'exploitation des bois et forêts, ne s'est point avisé d'en aliéner la propriété, ainsi qu'on a fait des houilles, il a tout simplement mis en concession, moyennant un cahier des charges, l'exploitation des forêts, et il nous semble que les choses n'en vont pas plus mal.

Nous ne demandons rien de plus extraordinaire, nous demandons que l'État soit propriétaire des houillères, comme il l'est des forêts; et qu'il n'en concède que l'exploitation, et non la propriété.

Cette mise en adjudication devrait être accompagnée d'un cahier des charges stipulant les conditions auxquelles devrait se conformer tout soumissionnaire. Ces conditions du cahier des charges auraient rapport à la durée de la concession; aux quantités de houille à extraire; à l'aménagement des mines; en un mot elles stipuleraient toutes les garanties que la Société, à titre de propriétaire, se croirait en droit d'exiger, pour obtenir du concessionnaire l'exploitation en bon père de famille de la mine, qui lui serait confiée. L'adjudication serait publique et se ferait à l'enchère, par soumission cachetée, l'enchère porterait sur le prix auquel le soumissionnaire s'engagerait à livrer la houille à la consommation, pendant toute la durée de la concession.

Le soumissionnaire qui s'engagerait à livrer la houille au plus bas prix pendant toute la durée de la concession, serait déclaré adjudicataire.

La surenchère pourrait porter sur un autre point très-important, fort avantageux, nous le croyons, à tous les points de vue, à savoir : sur une participation de tous les ouvriers et employés de la concession aux bénéfices de l'exploitation. L'importance de la part des bénéfices attribuée à tous les fonctionnaires des concessions pourrait être une cause déterminante de l'adjudication.

Une participation de tous les employés d'une concession aux bénéfices est une innovation dont nous ne nous dissimulons pas la hardiesse et la gravité; nous ne saurions trop inviter le lecteur à ne point se prononcer sans avoir lu les considérations que nous donnons plus loin sur ce sujet.

Mais le gouvernement devrait-il maintenir toutes les concessions qui existaient autrefois? devrait-il en augmenter ou en restreindre le nombre?

A ce sujet les opinions sont très-partagées. Les partisans de l'ancien système prétendent que la meilleure condition d'une bonne extraction de la houille est le plus grand morcellement possible;

par conséquent ils tendent à l'augmentation du nombre des concessions, plutôt qu'à leur diminution.

Les partisans du monopole, au contraire, font valoir à grand bruit les vices du morcellement et les bénéfices de l'unité. Ceux-là, parce qu'ils ont réussi à ne faire qu'une seule exploitation ou à peu près de tout le bassin houiller, tendent naturellement à restreindre le nombre des concessions.

Il ne nous appartient pas de trancher la question ; c'est l'affaire des hommes compétents ; nous pouvons néanmoins émettre notre opinion. Nous croyons, quant à nous, que ni l'une ni l'autre de ces manières de voir n'est la bonne. Un trop grand nombre de concessions augmenterait les frais d'administration ; il ne permettrait pas de certains travaux d'aménagement et d'amélioration trop onéreux pour une seule, tels que : épuisement des eaux, établissement de route ou d'autres voies de communications.

Un trop petit nombre, au contraire, rendrait la surveillance impossible. Nous croyons donc que, l'avis des ingénieurs entendu, le gouvernement devrait former un certain nombre de groupes de toutes les anciennes concessions.

Ces groupes devraient avoir l'étendue qui serait reconnue la plus favorable par les hommes de l'art.

Ils ne pourraient être formés que de concessions limitrophes, et se trouvant dans des conditions analogues, autant au point de vue géologique qu'à celui des convenances commerciales.

Il y aurait donc autant de groupes de concessions que les besoins l'exigeraient ; c'est-à-dire qu'il pourrait y en avoir huit, dix, douze, plus ou moins, selon ce qui serait reconnu utile.

Il va sans dire qu'aucun intérêt personnel quelconque ne jouerait un rôle dans la constitution de ces groupes.

Mais quel que fût le nombre des concessions, il ne changerait rien au fond des choses.

Le gouvernement n'en demeurerait pas moins propriétaire des houillères ; les adjudicataires, au lieu d'en être comme aujourd'hui propriétaires, et par conséquent libres d'user et d'abuser, d'acheter et de vendre, n'en seraient plus, ainsi qu'il est juste, qu'usufruitiers, possesseurs temporaires, exploiteurs, fermiers ; et cela, en ayant à se conformer aux clauses du cahier des charges; en un mot aux clauses du bail qui serait consenti par la société propriétaire, et accepté librement par le soumissionnaire.

Il est clair que, de même que la chose a lieu pour toutes les adjudications, le gouvernement pourrait n'accepter une soumission et n'adjuger la concession que si les enchères atteignaient au moins des limites qu'il se serait fixées à lui-même.

Ainsi, supposons que le gouvernement, après

avoir acquis la certitude que le prix de revient de la houille, qui se compose des salaires, des appointements, de l'user des ustensiles, de l'amortissement, des travaux d'art, des intérêts des capitaux engagés, s'élève à 40 c. l'hectolitre, ainsi que l'admettent tous les gens compétents, accepte pour base ce prix de revient.

Supposons que le gouvernement, ayant intérêt encore à ce que les concessionnaires soient contents de leurs lots, établisse une marge libérale entre le prix de revient et celui de vente ; et que, pour prendre un exemple, il adopte un prix élevé que nous porterons à 70 c. l'hectolitre, ce qui établirait entre le prix de revient et le prix de vente une différence de 30 c. par hectolitre ; soit pour le soumissionnaire un bénéfice de 75 pour cent, ce qui est beaucoup plus que ne peut obtenir toute autre industrie (1).

Dans ce cas, si un soumissionnaire se présentait et offrait de livrer la houille à la consommation pendant toute la durée de la concession à 70 centimes

(1) Nous devons faire remarquer que nous n'adoptons pas le chiffre de 70 centimes, que nous trouvons de beaucoup trop élevé, puisque le prix de revient n'est que de 40 centimes l'hectolitre, ainsi que l'affirment une foule de gens compétents de la localité, version qui paraît d'autant mieux fondée, qu'il y a dix ans la houille, se vendant 40 centimes, donnait encore d'honnêtes bénéfices. Mais nous avons adopté ce chiffre élevé pour ne pas être accusés de trop de raideur ou d'exagération.

l'hectolitre, le Gouvernement accorderait la concession; mais il l'accorderait de préférence à tout autre soumissionnaire qui s'engagerait à ne pas vendre au dessus de 65 c.; à plus forte raison à celui qui offrirait des conditions plus avantageuses à la consommation.

On conçoit d'avance qu'alors même qu'un soumissionnaire aurait obtenu une concession, en s'engageant pendant toute sa durée à ne pas vendre la houille plus d'un certain prix, il demeurerait libre de vendre au-dessous, s'il le pouvait ou si bon lui semblait.

Donc celui qui se serait engagé à ne pas vendre au-dessus de 70 centimes pourrait très-bien, s'il y trouvait sa convenance, pour élargir ses débouchés ou pour soutenir la concurrence des autres groupes, vendre à 60, à 50 centimes.

Si, par impossible, aucun soumissionnaire ne descendait au chiffre fixé par le Gouvernement, l'adjudication pourrait être renvoyée.

Mais une fois l'adjudication prononcée, le concessionnaire demeurerait complétement libre, en se conformant toutefois au cahier des charges, et pendant toute la dnrée de sa concession, le gouvernement n'aurait plus à lui imposer des charges nouvelles.

Tel est le mode simple, et suivant nous d'une application facile, qui résulterait du retour au vrai principe.

DU PAIEMENT DE L'INDEMNITÉ

STIPULÉE

PAR LE JURY D'EXPROPRIATION.

L'un des plus grands obstacles, et celui dont on s'est peut-être le moins occupé, est très certainement l'importance excessive des sommes à payer aux propriétaires actuels, pour opérer le rachat des mines. Le capital, les actions, les obligations et les dettes de tous les possesseurs actuels des mines forment un chiffre nominal qui dépasse certainement de beaucoup aujourd'hui la somme énorme de cent millions de francs.

Toutes les valeurs actives de ces diverses concessions valent-elles le chiffre nominal? Nous ne le savons pas; nous ne le croyons pas; tout ce que nous savons, c'est qu'avant que la spéculation, l'agiotage se soient emparé du bassin houiller de la Loire, toutes les valeurs actives de ce bassin n'étaient pas estimées plus de quinze à vingt millions de francs.

Mais l'importance du chiffre ne change rien au fond des choses ; c'est-à-dire qu'il faudra toujours payer aux possesseurs actuels le montant de l'indemnité qui aura été stipulée par le jury d'expropriation. Laissons donc en blanc le chiffre de l'indemnité, et, quel qu'il soit, cherchons à arriver au moyen de le payer.

N'oublions pas que ce paiement ne doit pas retomber à la charge du gouvernement, car s'il fallait que le gouvornement payât une aussi forte somme, la consommation eût elle cent fois raison de se plaindre ; les exactions des monopoleurs fussent-elles cent fois plus grandes; les moyens proposés fussent-ils tant et plus praticables et ingénieux, du du moment que le gouvernement serait obligé de payer, il ne décréterait pas la dissolution du monopole, car ce n'est pas avec un impôt, déjà si écrasant pour les populations, avec un budget se soldant si souvent par un déficit, que le gouvernement pourrait consentir à accepter une pareille charge. Nous croyons que les réclamants ne se sont pas assez occupés de cette question ; et qu'il est temps de le faire, à moins que l'on ne préfère renoncer à obtenir ce que l'on demande, la dissolution du monopole.

Sans prétendre trancher la question, nous croyons utile d'indiquer à l'attention du lecteur des moyens qui nous semblent praticables pour arriver à payer l'indemnité, sans la laisser à la charge du gouvernement.

Nous nous permettons de signaler ces moyens, parce qu'ils nous ont paru conformes aux vues que le gouvernement a manifestées à l'égard des emprunts des communes pour les travaux d'utilité publique.

Un de ces moyens consisterait à faire un traité avec le crédit foncier de France.

Un autre que nous croyons préférable, s'il était possible de le réaliser, serait un traité avec la Banque de France.

Le crédit foncier, prenant hypothèque sur toutes les valeurs du bassin houiller, pourrait fournir les sommes stipulées comme indemnité.

Le remboursement de ces avances serait faite au crédit foncier en cinquante annuités, intérêts et amortissement compris, en se conformant aux conditions dudit crédit foncier.

Ce mode pourrait suffire, mais nous pensons qu'un traité avec la banque de France, que nous ne croyons pas impossible à contracter, serait bien plus avantageux encore.

En effet, la banque de France, moyennant un intérêt de 3 0/0, pourrait faire les avances des sommes à payer ; de telle sorte qu'en payant à la Banque une annuité de 5 0/0, il y aurait chaque année un amortissement de 2 0/0 qui, par le jeu des intérêts décroissants, permettrait une libération en trente ans environ.

Un traité dans ces conditions avec la Banque de France serait donc infiniment avantageux, parce qu'il réduirait de 50 à 30 le nombre des annuités, et de 5,60 à 5 pour 0/0 le montant de chacune d'elles.

Nous n'insisterons pas là-dessus plus long-temps, persuadés que nous sommes, que la chose pourrait se faire, le jour où on le voudrait très sérieusement.

Mais alors qui paierait les annuités au crédit foncier ou à la Banque de France? et comment se les procurerait-on?

Il serait possible de se les procurer par une prime, par une redevance ajoutée au prix de vente de la houille.

Il serait possible, en effet, jusqu'à paiement intégral de la dette, d'ajouter au prix de vente de la houille, 5, 10, 15 à 20 p. 0/0, *ad valorem*, suivant les besoins, laquelle redevance serait entièrement affectée au service des annuités. Un receveur pourrait être attaché à cet effet par le gouvernement à chaque groupe ; il prendrait connaissance de toutes les ventes et percevrait du consommateur le paiement de ce qui serait reconnu nécessaire, et qui serait ajouté à chaque facture.

Or, comme la consommation absorbe déjà une quantité annuelle de 20 millions d'hectolitres environ; comme les besoins de la consommation tendent constamment à s'accroître, il n'est pas permis de douter que si le prix de la houille diminuait, la consommation n'arrivât en peu de temps à dépasser **30** millions d'hectolitres.

Basons-nous donc sur ce chiffre, et nous reconnaîtrons qu'une redevance de **10** centimes par hectolitre produirait chaque année une somme de **3** millions; **15** centimes, **4** millions et demi; somme que nous croyons plus que suffisante pour assurer le service des annuités.

LE MODE QUE NOUS PROPOSONS,

ASSURE-T-IL
LE BAS PRIX DES HOUILLES ET SA STABILITÉ?

Nous avons avancé qu'une vraie solution devait avoir pour résultat de faire parvenir la houille au plus bas prix possible, à la consommation, sans fluctuation dans les prix, sans alternative importante de hausse ou de baisse; et que ce bas prix devait être établi pour un grand nombre d'années.

Nous n'avons pas besoin de revenir sur le mérite du bas prix des houilles, il nous suffit de dire que la houille entre pour beaucoup dans le prix de revient des objets de première nécessité, et que toute diminution dans le prix de ces objets, presque toujours indispensables à l'existence du riche comme du pauvre, serait un inappréciable bienfait; sur ce point, toutes les opinions sont d'accord.

Le bas prix des houilles, cela est reconnu par tout le monde, est une des conditions essentielles d'une industrie prospère; mais la fixité dans les prix, la suppression de ces brusques alternatives de hausse ou de baisse qui, à chaque instant, changent le prix de revient des produits, et renversent toutes les prévisions, serait pour l'industrie un bienfait non moins important.

L'industrie honnête et régulière, celle qui ne compte pas sur les bénéfices de la spéculation, c'est-à-dire sur le jeu de bascule de la pénurie et de l'abondance factices; qui ne se propose pas d'exploiter les besoins de la consommation, mais bien de trouver le salaire de ses peines dans une rémunération proportionnelle aux services qu'elle rend, au travail qu'elle accomplit; cette industrie a besoin de fixité et de stabilité. Ce qui paralyse le plus l'esprit d'entreprise industrielle, c'est l'instabilité. Un grand nombre d'hommes intelligents, mais timides, redoutent les chances aléatoires qu'elle offre trop souvent.

En effet, en ce qui concerne la houille, du moment qu'un monopole s'en est emparé, et qu'il peut en augmenter les prix sans mesure, il est clair que nul industriel ne voudra fonder une manufacture dans tout le périmètre soumis au monopole, parce qu'il sait que, suivant le caprice des monopoleurs, tout le fruit de son travail, tous ses bénéfices lui seront enlevés par une hausse de prix, quels que soient d'ailleurs son intelligence, son esprit d'ordre, son activité.

Si l'industrie, au lieu de se voir sans cesse menacée dans son existence par une bande de monopoleurs dévorants, pouvait baser ses calculs sur des éléments d'une longue durée; si elle pouvait être assurée, par exemple, que le prix de la houille se maintiendrait sans variations importantes pendant plusieurs années, il est clair que l'une des chances mauvaises de l'industrie, et l'une des plus dangereuses, serait enlevée; l'industriel pourrait acquérir la sécurité, la hardiesse, et par conséquent vendre ses produits à meilleur marché. Car il ne faut pas se le dissimuler, l'industriel étant sans cesse sous le coup d'une hausse du prix de la houille, qui peut amener inopinément sa ruine, est obligé de se prémunir, autant que faire se peut, contre cette éventualité, en exagérant ses prix et ses bénéfices pendant tout le temps que veut bien le lui permettre le monopole.

Eh bien, le mode que nous proposons peut, nous le croyons, assurer pour de longues périodes la fixité du bas prix de la houille; du moins, s'il y avait quelques variations, elles seraient si peu importantes que le sort de l'industrie n'en serait pas affecté.

En effet, du moment que les extracteurs de houille, au lieu de trouver dans le principe de propriété individuelle le droit d'user et d'abuser, de garder, d'accaparer, de créer à volonté des disettes factices, en un mot, d'exploiter à merci les besoins de la consommation, ne seraient plus que concessionnaires et possesseurs temporaires, fermiers exploitant une propriété sociale, de même qu'il arrive pour l'exploitation des forêts de l'État; du moment que ces extracteurs de houille seraient devenus des industriels sérieux, honnêtes, faisant tout uniment profession d'extraire de la houille, et qu'ils ne demanderaient plus d'autres bénéfices que ceux auxquels ils auraient légitimement droit, ainsi qu'il arrive pour toute autre profession utile, en proportion des services qu'ils auraient rendus; du moment que le prix de revient de la houille, au lieu d'être doublé et triplé, par le fait des orgies de la spéculation et de l'agiotage, ne se composerait plus que des frais de main-d'œuvre, d'entretien et d'amortissement du matériel, d'une prime destinée à couvrir le peu de chances aléatoires, et des bénéfices légitimes de l'extracteur; du moment, en un mot, que le soumissionnaire se serait engagé à livrer toute la houille qu'il extrairait, et pendant toute la durée de la concession, à un prix déterminé librement par lui-même, il n'est pas douteux que le prix de la houille retomberait à peu près au chiffre où il était avant la création du monopole; et ce bas prix demeurerait fixé pendant de longues années, c'est-à-dire pendant toute la durée de la concession.

Mais, pourra-t-on nous objecter, tout ceci n'est qu'une illusion, car, avec ces nouvelles conditions, on ne trouvera pas de soumissionnaires.

L'engagement de ne vendre qu'à de certains prix ; l'obligation de s'engager pendant toute la durée de la concession offriront tant de chances de ruine et si peu de bénéfices, que nul ne voudra les accepter.

En ce qui concerne la limitation du prix de la houille par le fait d'un engagement librement consenti par le concessionnaire, nous ferons observer que le prix de revient de la houille étant reconnu être, en moyenne, de 40 centimes l'hectolitre au plus, un engagement qui fixerait pour limite du maximum un prix de vente de 70 centimes (la moitié du prix actuel), donnerait à l'extracteur un bénéfice de 75 pour 100 ; une limite de 60 centimes donnerait 50 pour 100. Une limite de 50 centimes donnerait encore 25 pour 100.

Combien pourrait-on citer d'autres industries donnant régulièrement d'aussi grands bénéfices, d'autant plus grands qu'il ne s'offrirait presque aucune chance de pertes? Les bénéfices seraient, en effet, tellement sûrs et considérables, que nous ne doutons pas un seul instant que la mise à l'enchère n'amenât de la part des soumissionnaires, et par un mouvement libre et spontané, des limites plus inférieures.

Nous allons plus loin, nous sommes persuadés, en prenant pour base notre propre impression, que n'y eût-il rien à gagner pour les extracteurs de houille, le gouvernement n'en trouverait pas moins des soumissionnaires sérieux, offrant toutes les garanties de moralité, de solvabilité et de capacité. Car, au besoin, les manufacturiers, associés entre eux, postuleraient les soumissions, et ils n'interviendraient pas dans le but de fonder des monopoles, de faire des gains illicites par l'exploitation des besoins de la consommation, mais bien pour assurer la prospérité de leur industrie au moyen des bas prix de la houille.

Ces manufacturiers, rassurés sur l'avenir de leurs travaux, se trouveraient assez indemnisés et n'auraient pas besoin de gagner sur le prix de la houille, puisque le bas prix et la stabilité leur assureraient les légitimes bénéfices de leur industrie.

Quant à nous, nous sommes bien persuadés que chaque groupe trouverait pour soumissionnaires au rabais tous les manufacturiers établis dans la localité, ou même à grande distance qui se proposeraient de consommer la qualité de houille fournie par le groupe dont ils deviendraient soumissionnaires.

C'est ainsi que l'on verrait un phénomène tout nouveau. On verrait des soumissionnaires repousser les chances de bénéfices avec autant de soin qu'on en met ordinairement à les réunir.

Quant au danger que pourraient courir les soumissionnaires en s'engageant à accepter un maximum pendant toute la durée de la concession; comme le prix de revient pourrait en effet varier, soit par la hausse des salaires, soit par des difficultés imprévues dans l'extraction provenant d'incendies, d'inondations, d'éboulements, d'épuisement de la richesse houillère, etc., rien ne serait plus facile que d'introduire dans le cahier des charges une clause de résiliation en faveur du soumissionnaire, par laquelle la résiliation serait acquise de plein droit aussitôt qu'il serait prouvé que la houille revient plus cher que le maximum fixé.

Dans ce cas, la résiliation donnerait immédiatement lieu à une adjudication nouvelle.

Par ce moyen, les soumissionnaires, dans l'évaluation des charges qui pourraient peser sur eux, n'ayant plus à faire entrer en ligne de compte ce danger d'être obligés de vendre la houille au-dessous du prix de revient, pourraient en être d'autant plus enhardis à proposer un rabais considérable sur le prix.

Sans doute ce mode d'adjudication ne ferait pas l'affaire de la spéculation ; mais ce serait un bien petit malheur en comparaison des avantages énormes qui en résulteraient pour la consommation.

LE MODE QUE NOUS PROPOSONS
EST CONFORME
AU PRINCIPE DE LA LIBERTÉ.

Ce que nous allons dire n'a d'autre but que de répondre d'avance aux scrupules de certains casuistes qui, sous prétexte de la liberté, prennent la défense du monopole, mais avant de leur prouver que le mode que nous proposons est absolument conforme à toutes les exigences de la liberté la plus complète, la plus étendue, nous aurons bien le droit de demander à ces prêtres nouveaux d'une fausse divinité, ce que leur système fait de cette liberté dont il est tant parlé, et qu'on pratique si peu.

N'est-il pas évident qu'un système ne peut être considéré comme vraiment libéral qu'à la condition qu'il sauvegarde également, absolument, la liberté de tous, sans exception ; aussi bien celle des consommateurs que celle des producteurs ?

Un système qui ne sauvegarderait que la liberté de l'une des deux catégories serait injuste, et surtout serait mensonger. Or, le système qui prend sa base dans le principe de l'individu propriétaire de la houille, donnant droit d'user et d'abuser, et qui, par ce moyen, conduit fatalement au monopole, négation de toutes les libertés, et à l'exploitation abusive des besoins de la consommation ; ce système est-il vraiment libéral? assure-t-il réellement la liberté de tout le monde? Nous n'éprouvons aucun scrupule à assurer que non.

S'il assure la liberté de quelques capitalistes, financiers, actionnaires, monopoleurs, il est la négation complète de la liberté de la masse innombrable des consommateurs.

Est-il libre le consommateur qui ne peut choisir la houille dont il a besoin?

Est-il libre le consommateur qui se voit obligé de payer la houille trois fois plus cher qu'elle ne vaut?

Est-il libre celui qu'on ruine au nom de la liberté du monopole?

Nous savons qu'on persistera à soutenir, ainsi qu'on l'a déjà fait, que le consommateur est libre ; libre parce que si le haut prix ne lui convient pas, il peut ne pas consommer ; libre parce que s'il n'est pas content, il peut emporter son établissement ailleurs.

Ceci, qu'on nous permette de le dire, n'est qu'une odieuse plaisanterie, que des gens sérieux, que des gens honnêtes ne devraient pas se permettre. Ils savent bien, ceux qui la risquent, que la société n'est point libre de ne pas consommer; ils savent bien que la société humaine a pour devoir et pour droit de se conserver, et qu'elle ne peut se conserver sans consommer.

Quant à l'aimable proposition faite aux manufacturiers d'aller s'établir ailleurs s'ils ne sont pas contents, nous ferons observer aux monopoleurs qui, du fond de leurs cabinets, lancent ce décret, qu'il n'est pas aussi facile de transporter des manufactures, qu'il le leur serait de transporter leurs actions et leurs dividendes. Ils ne devraient pourtant pas oublier que ces manufactures se sont établies sous le patronage de la bonne foi publique; que ces manufactures représentent plusieurs milliards de valeur; qu'elles donnent de l'ouvrage à plus d'un million d'ouvriers, et que proposer aux manufacturiers de s'en aller s'ils ne sont pas contents, c'est provoquer la ruine complète de tous ces ouvriers et manufacturiers; c'est plonger dans la désolation et le désespoir la moitié de la France industrielle.

Non, les manufacturiers ne sont pas libres de se déplacer, parce qu'une manufacture ne se déplace pas; parce que l'abandon d'une usine amène la ruine complète de son propriétaire. Il faut une grande audace ou une grande naïveté pour soutenir qu'un tel état de choses, qui anéantit la liberté d'un si grand nombre de manufacturiers et de consommateurs, doit être conservé et protégé, sous prétexte qu'il est le fruit de la liberté. Non, mille fois non, le système du monopole ne donne pas la liberté.

Voyons si le projet que nous avons présenté la respecte davantage. En premier lieu, il sauvegarde de la manière la plus complète la liberté des extracteurs de houille.

En effet, les concessions ne seraient accordées que sur une enchère publique ; l'adjudication ne serait prononcée que sur une soumission librement présentée par le soumissionnaire, et dont lui seul fixerait les conditions. Sa liberté d'initiative serait donc complète ; et dans ce cas il serait bien réellement libre de soumissionner ou non ; libre de présenter ou non telle ou telle proposition ; il agirait dans la sphère d'une liberté vraie. Nul ne viendrait le forcer d'accepter des conditions qui ne lui conviendraient pas.

Peut-être dira-t-on que l'extracteur ne serait pas libre, puisqu'il devrait accepter un cahier des charges. Mais alors, si un contrat est la négation de la liberté, de deux choses l'une : ou il n'y a pas de liberté au monde, car toute la vie humaine n'est qu'une série de contrats, ou bien il faut nier la faculté de contracter, et par conséquent, nier la société. Que ceux qui font l'objection osent donc soutenir la négation des contrats.

La liberté consiste justement à pouvoir débattre sans contrainte les clauses et conditions d'un contrat, et à pouvoir les accepter ou les refuser en toute indépendance, selon que l'on les trouve avantageuses ou non ; mais elle ne peut aller jusqu'à la négation de tout contrat, ce qui serait l'anarchie.

Ainsi, quand un propriétaire et un locataire de maison débattent les conditions d'un bail, ils sont libres, parfaitement libres, tant que ce bail n'est pas signé ; mais, aussitôt le contrat signé, il y a obligation pour l'un et l'autre de se soumettre au contrat, et d'en exécuter les clauses.

Toute la question à savoir est celle-ci :

La société est-elle propriétaire de la houille, oui ou non ? Si elle est propriétaire, n'a-t-elle pas le droit de prendre des garanties pour que le fermier, le concessionnaire ne puisse nuire à la propriété sociale ; et du moment que la société a droit d'imposer des conditions en sa qualité de propriétaire ; du moment que le soumissionnaire est libre d'accepter ou de refuser ; du moment qu'on ne lui impose aucun maximum ; et que, s'il y a des limites, c'est lui-même qui les propose, dans son libre arbitre ;

N'est-il pas de la dernière évidence que le soumissionnaire est libre, et que le mode que nous proposons sauvegarde la liberté des extracteurs de houille?

Il n'y aurait atteinte à la liberté que dans le cas

où, comme aujourd'hui, on voudrait, une fois le contrat signé, l'adjudication accordée, modifier arbitrairement le cahier des charges ; obliger le concessionnaire à extraire plus qu'il ne se serait engagé à faire ; lui imposer l'obligation de vendre à d'autres conditions que celles qu'il aurait stipulées. Ces choses, qui sont la négation de la liberté de l'extracteur, se passent aujourd'hui, sous le masque trompeur de la liberté ; mais elles ne se passeraient pas sous le régime de véritable liberté que nous proposons.

Du moment que nous avons démontré que la liberté de l'extracteur serait sauvegardée, nous n'avons pas besoin de démontrer que celle de la consommation le serait de même, on peut être assuré d'avance qu'elle ne se plaindra pas qu'on attente à sa liberté toutes les fois qu'on lui donnera la houille à bas prix, et qu'elle pourra choisir la qualité dont elle a besoin. Les casuistes de la liberté peuvent être tranquilles de ce côté, nous pouvons leur assurer qu'il n'y aura pas de réclamation.

LE MODE PROPOSÉ
SAUVEGARDE
TOUS LES INTÉRÊTS.

Un nouveau système d'organisation des houillères ne peut être considéré comme honnête et pratique, qu'à la condition de sauvegarder tous les intérêts légitimes, aussi bien ceux des possesseurs actuels, que ceux des extracteurs futurs, et enfin ceux de la consommation.

Un mode, qui se proposerait de satisfaire l'intérêt général par le sacrifice d'un seul intérêt individuel légitime, devrait être rejeté à l'instant, car il serait injuste ; ce serait une spoliation. C'est pour cela que nous demandons l'expropriation pour cause d'utilité publique, et moyennant stipulation d'une indemnité par un jury d'expropriation, suivant les formes ordinaires, et non la dissolution pure et simple du monopole ainsi que l'ont proposé déjà de nombreuses demandes. Nous ne concevons pas, quels que soient les maux que le monopole a versés sur les populations, quelque importantes que soient les sommes qu'il a prélevées indûment sur la consommation depuis dix ans, nous ne concevons pas qu'il entre dans certains esprits que l'on puisse dissoudre le monopole, sans lui compter une indemnité proportionnelle aux valeurs réelles de son actif.

Nous n'insistons là-dessus que parce que nous ne voulons pas être accusés de répondre à l'extorsion par la spoliation; parce que nous ne recherchons pas les expédients, mais les principes, et que nous ne pouvons admettre la théorie de la société propriétaire des houilles, qu'à la condition absolue, expresse, d'indemniser l'individu toutes les fois qu'elle voudra rentrer dans la possession de sa chose. Nous le répétons encore, afin qu'il n'y ait pas de malentendu, sous aucun prétexte nous ne concevons la Société s'emparant violemment, sans indemnité, des valeurs qui constituent aujourd'hui la propriété individuelle.

Car, si la société est propriétaire des houillères, l'individu n'est pas moins légitime propriétaire de la valeur qu'il a créée par son travail; et s'il en était privé, sous prétexte d'intérêt général, sans indemnité, la société étant plus puissante et plus riche que l'individu, commettrait un bien plus grand crime en dépossédant l'individu sans indemnité, que l'individu ne pourrait commettre contre la société.

L'intérêt du possesseur actuel est donc totalement garanti par l'expropriation suivie d'indemnité.

Est-ce que l'on pourrait dire que l'intérêt individuel est sacrifié à l'intérêt général, lorsqu'à Paris, par exemple, on exproprie certains propriétaires de maisons, moyennant une indemnité stipulée par un jury?

Est-ce que l'intérêt individuel est sacrifié lorsqu'on accorde une indemnité à tout propriétaire dont les domaines sont traversés par une route?

Pourquoi donc l'intérêt des possesseurs actuels de houille serait-il plus sacrifié par l'expropriation pour cause d'utilité publique que celui des propriétaires de maisons et de terres, du moment qu'on les indemniserait? Non, il ne serait pas sacrifié, et nous pouvons continuer de supposer que le mode que nous proposons est en tous points conforme aux lois les plus rigoureuses du principe de justice, et aux précédents déjà admis par la société.

Il en est encore de même, ainsi que nous l'avons vu précédemment, de l'intérêt des extracteurs futurs, puisque toutes les clauses et conditions des concessions de mines seraient librement débattues par eux, et acceptées ou refusées en toute liberté.

Quant à l'intérêt des consommateurs nous n'en parlons ici que pour mémoire, il serait suffisamment garanti par la liberté du choix, et par le bas prix de la houille, c'est encore un point sur lequel les alarmistes peuvent se rassurer.

LE MODE PROPOSÉ

RÉUNIT TOUS LES AVANTAGES DE L'ASSOCIATION ET DE L'INDUSTRIE MORCELÉE.

Le mot d'association est assez décrié de nos jours par les abus qui se sont déjà établis, ou qui ont cherché à s'établir sous son nom, pour qu'il ne soit pas inutile de rappeler qu'un principe bon, juste et vrai ne doit pas être rendu responsable des abus, des erreurs et des maux que la cupidité ou l'ignorance essaient de réaliser sous son égide.

Ainsi, parce que le monopole de la houille s'est affublé du manteau de l'association, afin de pouvoir s'établir sans opposition et de ne pas trop éveiller la crainte des populations, on ne doit pas accuser le principe d'association lui-même.

L'association en principe est l'union de forces individuelles qui, morcelées, resteraient impuissantes, mais qui, groupées en un faisceau, peuvent devenir la force la plus puissante qui ait encore été connue. Quoique encore au berceau, quoique entourée jusqu'à ce jour des langes de l'ignorance, l'association possède une telle puissance, une telle fécondité, qu'elle seule a pu permettre la création de tous ces travaux d'utilité publique qui seraient une gloire sans mélange pour notre siècle, si la société avait toujours pris à propos d'eux toutes les garanties nécessaires.

C'est l'association qui a permis l'établissement des chemins de fer; c'est elle qui a créé la navigation à vapeur, qui a enfanté tous les miracles de la grande industrie; elle n'est encore qu'à ses débuts, et elle étonne déjà le monde. Que sera-ce donc dans l'avenir, lorsqu'elle aura pris possession d'elle-même et de toute sa puissance?

Gardons-nous de calomnier l'association, parce que des charlatans ont débité sous son nom des drogues malfaisantes. L'association est le progrès; c'est l'avenir de l'humanité.

Indépendamment de ses avantages généraux, le principe d'association en a de spéciaux dans son application à la question des houilles.

L'association peut réellement permettre un plus sage aménagement des houillères;

Elle seule peut rendre possible l'écoulement des eaux, la création de travaux considérables qu'une exploitation isolée ne pourrait et n'oserait entreprendre;

Elle seule peut permettre d'extraire, quelque temps à l'avance, de la houille, afin de créer des approvisionnements qui puissent mettre la consommation à l'abri de la pénurie;

Elle seule peut permettre la création de maisons

de ventes, établies sur tous les points principaux, afin de faire parvenir la houille à la consommation, de manière à ce qu'elle n'ait à la payer que le prix établi pour tous sur le carreau même de la mine, en y joignant toutefois les frais de transport.

L'association permet l'unité de direction, la simplification de l'administration, ce qui peut apporter une économie réelle dans le prix de revient de la houille.

Il est encore beaucoup de choses connues et inconnues où l'association peut jouer un rôle tout aussi favorable.

L'industrie morcelée, au contraire, est presque toujours impuissante, elle ne peut réaliser ni aménagement, ni épuisement des eaux, ni travaux de longue haleine, ni emmagasinement de houille par prévision des besoins, ni organisation de maisons de vente sur un point éloigné, ni économie dans l'administration, ni unité de direction, chaque petite concession ayant son état-major, sa comptabilité, etc., etc.

L'industrie morcelée, malgré son infériorité sur un si grand nombre de points vis-à-vis de l'association, n'en a pas moins des avantages particuliers et assez importants pour que toute la supériorité de l'association ait été contestée.

Nous voulons parler de la surveillance permanente opérée par l'intérêt privé du propriétaire, et des sollicitations incessantes que lui fait subir son intérêt personnel. Nous voulons encore parler du principe de la concurrence, cette source de tout progrès.

Nous pouvons avancer qu'il est possible par le mode que nous avons présenté non-seulement d'y adjoindre ces avantages de l'industrie morcelée, mais encore de les développer dans une proportion inconnue jusqu'à ce jour.

Nous croyons que la concentration de plusieurs concessions en un seul groupe, moyennant les conditions que nous avons indiquées, pourrait donner tous les avantages que nous avons signalés, comme devant résulter soit de l'association, soit de l'industrie morcelée. Cette concentration permettrait non-seulement une agglomération de force assez puissante pour assurer tous les avantages qui sont l'apanage de l'association, et que nous n'avons pas besoin d'énumérer de nouveau, mais encore les attributs qui distinguent l'industrie privée, et que nous allons signaler.

Nous devons reconnaître que l'homme ne porte un intérêt réel qu'à ce qui lui appartient ; voilà pourquoi en industrie rien ne peut remplacer l'œil du maître et c'est en grande partie ce qui peut expliquer pourquoi les actionnaires des Mines de la Loire se plaignent de ne pas toucher de plus gros dividendes.

Mais nous avons dit que l'adjudication de l'exploitation des mines pourrait être accordée de préférence au soumissionnaire qui offrirait aux ouvriers et employés de la concession une participation aux bénéfices de l'entreprise.

La participation des ouvriers et employés aux bénéfices est encore une chose toute nouvelle et qui doit, nous le reconnaissons, rencontrer dans l'industrie morcelée des obstacles vraiment assez grands pour faire reculer devant son application (1).

Ainsi, le fait seul de l'immixtion d'un si grand nombre d'hommes dans le secret de la prospérité d'un établissement peut amener promptement sa chute, soit en détruisant son crédit en cas de pertes, soit encore en provoquant la concurrence de nouveaux adversaires en cas de bénéfices.

Nous considérons comme un malheur pour les industriels eux-mêmes, que l'application de ce principe fécond rencontre un obstacle si formidable.

Car, si à première vue, une participation des ouvriers aux bénéfices d'une entreprise peut paraître, pour les entrepreneurs, une charge onéreuse, une diminution de leurs bénéfices, on a bientôt reconnu,

(1) La participation des ouvriers et employés aux bénéfices d'une entreprise ne serait qu'une extension de l'habitude qui se répand de plus en plus, et avec un succès toujours nouveau, dans l'industrie et le commerce, de transformer les commis en intéressés.

en y regardant plus attentivement, que l'entrepreneur aurait une plus forte somme à gagner en accordant une participation qu'en ne l'accordant pas.

En effet, dans l'état actuel des choses, les ouvriers ne participant pas aux bénéfices de l'entreprise qui les fait travailler, n'ont aucun intérêt à sa prospérité ou à sa ruine. Bien loin de là, leur intérêt est tout à fait antagonique à celui de l'entrepreneur. L'intérêt de cet entrepreneur étant, pour un salaire donné, d'obtenir le plus de travail possible; tandis que celui de l'ouvrier, pour le même salaire, est d'en donner le moins possible.

Que l'on joigne à cet antagonisme des intérêts, les conflits cachés ou avoués, les haines secrètes, la méchanceté, et l'on reconnaîtra que, bien souvent, l'ouvrier, par mauvais vouloir, ou par indifférence, puisqu'il n'y a aucun intérêt, détruira ou laissera détruire des produits, des ustensiles; destruction permanente et de chaque jour, qui, à la fin de l'année, peut s'élever au point d'annuler tous les bénéfices, et même d'amener la ruine.

Combien d'industries qui, sur le papier, devaient donner des bénéfices immenses, ont amené la ruine de ceux qui l'exerçaient, par le seul fait de cet antagonisme entre l'intérêt du patron et l'intérêt de l'ouvrier!

Mais les dangers qui peuvent exister pour l'industrie privée n'existeraient pas en ce qui concerne l'exploitation des houilles, où la concurrence ne serait pas à redouter, et où toutes les opérations de l'extraction seraient publiques et se passeraient au grand jour.

Si donc on appliquait à l'industrie houillère le principe de la participation des ouvriers et employés aux bénéfices, on les transformerait tous en intéressés au succès; alors plus de gaspillage, plus de destruction de machines, plus de paresse, plus d'indifférence : chaque ouvrier et employé travaillerait pour lui-même, puisque dès ce moment il aurait intérêt à la réussite de l'entreprise; ce serait la multiplication à l'infini, partout, à toute heure, dans toutes les fonctions, de l'œil du maître, cet œil qui seul peut assurer le succès.

Ce serait aussi, ajoutons-le, l'admission au bien-être de tous les travailleurs, et surtout l'élévation de leur dignité et de leur moralité.

Toujours est-il, qu'appliqué à l'exploitation de l'industrie houillère, ce principe donnerait, il y a lieu de le croire, à l'association tous les bénéfices qui résultent de l'intervention permanente de l'intérêt privé.

Reste enfin la concurrence.

Si l'association a été calomniée, la concurrence ne l'a pas moins été, et, pourtant, si l'humanité a progressé, et si les arts, les sciences se sont développés; si le pauvre peut aujourd'hui se vêtir, se loger mieux qu'autrefois, c'est à la concurrence qu'on le doit.

Et, nous n'hésitons pas à le dire, si l'humanité doit continuer son développement; si le progrès doit continuer de s'accomplir, c'est à la concurrence qu'on le devra.

Ce principe salutaire, auquel a voulu échapper le monopole, sera maintenu au moyen de l'organisation par groupes de concessions ; ces groupes, nous l'avons déjà dit, seront assez nombreux pour que la concurrence puisse exister entre eux.

Mais dans tous les cas, alors même qu'une entente cordiale s'établirait entre les exploitants, il n'y aurait plus à craindre, comme aujourd'hui, les pénuries factices, les hausses exagérées.

La pénurie serait prévenue par l'engagement d'extraire; la hausse, par le maximum de prix librement proposé par le concessionnaire.

Avec l'organisation des groupes, la concurrence ne produirait plus ces fluctuations désastreuses, amenées par l'ancien régime : on ne verrait plus les extracteurs riches s'entendre entre eux pour amener la ruine des plus faibles, par une concurrence déloyale, n'ayant d'autre but que de pouvoir remonter ensuite les prix.

Mais, en admettant que la concurrence ne pût produire d'autres bons effets que de procurer aux consommateurs des rapports polis, empressés et bienveillants, ce serait déjà obtenir un résultat assez important : car nous savons tous quels égards nous devons attendre des monopoles ; aussi bien de ceux de l'État que de ceux des particuliers.

IV

DU MOYEN

D'EMPÊCHER LES EXTRACTEURS DE HOUILLE DE PROFITER DES BESOINS DE LA CONSOMMATION.

En terminant un travail, trop long, sans doute, au gré du lecteur, nous appelons toute son attention sur ce qui suit :

Ou nous nous trompons fort, ou ce que nous allons dire renferme une application d'un principe nouveau d'économie sociale, qui, étudié et mieux connu, peut donner, nous le croyons du moins, la solution d'un grand nombre de difficultés.

En effet, il peut arriver que, malgré toutes les précautions que nous avons signalées, malgré l'obligation d'extraire une certaine quantité de houille, malgré le maximum proposé librement par le soumissionnaire, malgré la concurrence, les besoins de la consommation s'élèvent au-dessus de la production, et qu'il y ait disette de houille. Ce malheur peut se présenter, soit par un concours de circonstances défavorables telles qu'entraves de transport, incendies, inondations, etc.; soit par un développement réel et normal de la consommation.

Dans ce cas, malgré toutes les prévisions, et par un mouvement irrésistible, la valeur de la houille augmenterait, car les consommateurs, craignant d'en manquer, viendraient d'eux-mêmes vers les extracteurs, et leur offriraient de payer plus cher pour être approvisionnés.

Devra-t-on rationner les consommateurs, et leur donner à chacun une quantité proportionnée à leurs besoins, ainsi que cela a été proposé? Non; parce qu'il faudrait arriver à connaître les besoins de chacun, ce qui est impossible. Et en outre, il faudrait apprécier quels sont des produits fabriqués ceux qui sont plus ou moins nécessaires à la société, ce serait ouvrir la voie à l'arbitraire et à l'injustice. La houille doit se donner à celui qui la paiera le plus cher, parce que, ainsi que nous allons le voir, la faculté de payer plus cher est un baromètre infaillible et certain pour connaître les besoins réels de la société, le haut prix offert par la consommation étant le moyen employé par la société pour indiquer les produits dont la consommation lui est le plus nécessaire. Nous y reviendrons tout à l'heure.

Ce dont il s'agit maintenant, c'est d'empêcher les extracteurs de houille de profiter des besoins de la consommation pour obtenir des bénéfices hors de proportion avec les services qu'ils rendent, avec le prix de revient de la houille.

Si l'extracteur était pour quelque chose dans les besoins de la consommation ; s'il résultait de ces besoins une augmentation du prix de revient, nous concevrions qu'il obtînt un surcroît de prix en proportion de son intervention et de l'élévation du prix de revient.

Mais, comme l'extracteur n'est pour rien dans les besoins ; comme le prix de revient de la houille n'augmente pas, nous ne pouvons admettre qu'il puisse profiter d'une chose qu'il n'a pas faite et d'un surcroit de frais qui n'ont pas eu lieu.

Nous savons fort bien qu'une fois le principe de propriété individuelle des houilles admis, le monopole, ayant le droit de garder ou de vendre en toute liberté, gardera la houille et ne la vendra qu'en profitant de la valeur tout entière créée par les besoins de la consommation.

Mais c'est justement pour cela que nous avons tant insisté contre ce faux principe de la propriété individuelle de la houille, parce que nous savions bien qu'à un moment donné, les besoins de la consommation se produisant, l'exploitation du consommateur par le producteur se présenterait aussi bien avec l'industrie morcelée qu'avec le monopole.

Non, nous ne pouvons admettre que l'extracteur de houille puisse vendre sa houille d'autant plus cher que les besoins de la consommation sont plus impérieux ; non, le bénéfice de l'extracteur ne doit pas être proportionnel aux besoins.

Il doit être proportionné au prix de revient, au service rendu par l'extracteur, et non au service reçu par la consommation.

Du moment que l'extracteur sera remboursé de tous ses frais et débours, du moment qu'il aura touché le légitime bénéfice auquel a droit tout industriel, il n'a plus rien à réclamer, il n'a droit à rien de plus.

Mais si, par le fait des besoins de la consommation, le prix de la houille s'élève, puisque les extracteurs ne doivent pas bénéficier de cette plus-value, à qui donc appartiendra-t-elle ?

C'est ici que nous trouvons l'application du principe nouveau sur lequel nous avons appelé l'attention du lecteur.

Que dit le principe ? Que la valeur doit appartenir à celui qui l'a créée.

Or, si la valeur doit appartenir à celui qui l'a créée, la valeur de la houille appartiendra donc à celui qui l'aura produite.

Le prix de la houille se compose de deux valeurs : l'une, qu'on peut appeler intrinsèque ; l'autre, qu'on peut appeler de plus-value.

La valeur intrinsèque se compose de tous les frais d'extraction, main-d'œuvre, user et amortissement des ustensiles, intérêts des capitaux, primes d'assurance destinées à couvrir les risques d'exploitation, bénéfices légitimes de l'extracteur.

Cette valeur intrinsèque, ce prix de revient, est créé par l'extracteur ; elle lui appartient donc de droit, et il en est couvert au moyen du prix fixé par le maximum que lui-même a proposé en soumissionnant l'adjudication d'une concession ; donc, quand il est rentré dans le prix de la valeur intrinsèque, il est indemnisé et n'a plus droit à rien.

La valeur de la plus-value n'étant pas créée par l'extracteur, ne doit point lui appartenir ; la valeur de la plus-value est créée par les besoins de la société.

Or, d'après le principe que nous avons posé, puisque c'est la société qui crée la valeur de plus-value, c'est à elle qu'appartient cette valeur, c'est à elle qu'elle doit faire retour.

En conséquence de ce qui précède :

Supposons que les besoins de la consommation dépassant de beaucoup les moyens de production, le prix de la houille s'élève à 1 fr. 50 c. l'hectolitre ;

Supposons, d'un autre côté, que les extracteurs de houille se soient engagés à ne pas vendre leur houille, et cela pendant toute la durée de leur concession, plus de 60 centimes l'hectolitre ;

Il y aura donc, sur chaque hectolitre se vendant 1 fr. 50 c., une plus-value de 90 centimes.

Ce prix de 1 fr. 50 c. sera donc composé de deux valeurs : l'une, de 60 centimes, que nous appelons valeur intrinsèque, reviendra de droit à l'extracteur; l'autre, de 90 centimes, que nous appelons de plus-value, doit revenir à la société qui l'a créée.

Quant au moyen de faire retourner à la société cette plus-value de 90 centimes, rien n'est plus facile ;

Il ne s'agit pour cela que d'une simple comptabilité.

Un receveur serait attaché par le gouvernement à chaque concession.

Ce receveur prendrait connaissance de toutes les opérations de la société exploitante.

Tant que les besoins de la consommation seraient en équilibre avec les moyens de la production (et nous sommes fermement persuadés qu'il en sera toujours ainsi), les prix demeureraient à peu près stationnaires et ne dépasseraient pas le maximum librement proposé par le soumissionnaire ; dans ce cas, le receveur n'aurait rien à recevoir.

Mais si par impossible les besoins dépassant la

production, le prix de houille s'élevait plus haut que ce maximum, le receveur, au nom de la société, percevrait toutes les sommes que cette hausse produirait en sus du prix maximum qui reviendrait de droit à l'extracteur. On conçoit qu'à la rigueur il pourrait arriver que cette plus-value produisît des chiffres très-élevés.

Ainsi aujourd'hui que la houille se vend 1,40; ce prix est composé de la valeur intrinsèque ou prix de revient se montant à 60 centimes, y compris les bénéfices de l'extracteur, la société aurait donc à percevoir une plus-value de 80 centimes par hectolitre.

Or, comme l'extraction s'élève au moins annuellement à vingt millions d'hectolitres pour tout le bassin houiller, la société aurait par conséquent à recevoir une somme de seize millions, montant de la plus-value qu'elle aurait créée par ses besoins.

Les sommes ainsi perçues par le Gouvernement, en sus du maximum attribué aux extracteurs, pourraient être appliquées au nom de la Société à la recherche de nouveaux gisements de houille, à créer de nouveaux et plus puissants moyens d'extraction, le tout afin de ramener l'équilibre entre la production et la consommation, et, par conséquent, les bas prix de la houille qui sont une nécessité sociale et pour le maintien desquels les efforts doivent être constamment tendus.

Ces sommes pourraient encore être appliquées à l'extinction de la dette contractée pour faire face à l'indemnité stipulée envers les possesseurs actuels.

A défaut d'autre emploi, le montant de cette plus-value pourrait être affecté au dégrèvement de l'impôt.

Mais pourront dire quelques esprits superficiels, ce n'est pas la société qui a créé la valeur de la plus-value, ce n'est donc pas à elle qu'elle doit retourner.

Ce sont les industriels de toutes classes qui l'ont créée; ce sont eux qui se sont fait concurrence et qui ont fait le sacrifice ; c'est donc à l'industrie que la plus-value doit faire retour.

Ceci est une erreur ; les industriels n'ont pas plus créé cette plus-value que les extracteurs de houille; par conséquent, ils n'ont pas plus de droit qu'eux à la percevoir.

En effet, si l'industriel paye la houille plus cher, cela peut provenir de deux choses :

Ou de ce qu'en vendant ses produits à la consommation il faisait des bénéfices assez considérables pour n'avoir pas besoin d'augmenter le prix de ses produits malgré la hausse de la houille, ou bien de ce qu'il a pu augmenter le prix de ses produits de toute la hausse apportée par la houille.

Dans ces deux cas, soit par les bénéfices, soit par la hausse des produits, c'est la société qui paye en définitive, il est donc de toute justice que la plus-value créée par la consommation retourne à la consommation.

Mais alors, dira-t-on, si la plus-value créée par la hausse retourne à la consommation, il serait bien plus simple de ne pas augmenter les prix.

La hausse a une signification économique des plus importantes.

En effet, nous avons admis l'hypothèse que les besoins de houille dépasseraient les moyens de production.

S'il en était ainsi, il résulterait qu'il ne pourrait y avoir de la houille pour tout le monde ni pour toutes les industries.

Nous avons déjà nié que dans ce cas il fallût rationner la consommation, et voici pourquoi :

La houille est aujourd'hui employée dans l'industrie à la création de produits de toute espèce ; parmi ces produits, les uns sont des objets de première nécessité et indispensables à l'existence humaine, les autres sont plus ou moins des objets de luxe dont la consommation peut à la rigueur se ralentir ou même se supprimer sans attenter à la vie.

Il est clair que si la houille manque, s'il n'y en a pas pour tous les produits, la société pourra exiger que la quantité de houille existante soit employée à la création des produits qu'elle considère comme objets de première nécessité. Or, comme il est impossible de désigner par décret quels objets sont ou ne sont pas de première nécessité, l'impuissance d'une loi somptuaire étant trop bien démontrée; comme d'ailleurs ce décret serait un attentat à la liberté de produire, la société devrait avoir recours à un autre moyen plus simple.

Elle devrait désigner par la hausse des prix les objets qui lui sont nécessaires, et naturellement elle abandonnerait ceux qui lui seraient moins utiles, c'est-à-dire qu'elle n'en élèverait pas le prix.

La hausse ne serait donc autre chose que la manifestation libre et spontanée des besoins de la consommation, qu'un moyen simple et facile de désigner les objets que la société voudrait que l'industrie lui confectionnât, et cela sans porter atteinte à l'initiative de l'industrie et à la liberté, sans rien changer au régime de liberté des transactions.

C'est ainsi que l'équilibre entre la consommation et la production de la houille s'établirait sans maximum, sans rationnement et sans lois somptuaires, et la Société n'y perdrait rien, puisqu'elle rentrerait dans le montant de la hausse qu'elle aurait provoquée.

Nous ne croyons pas qu'il soit possible de nier l'importance du principe que nous venons de démontrer, et nous persistons à appeler sur lui toute l'attention du lecteur.

CONCLUSION.

AUX MANUFACTURIERS, AUX CONSOMMATEURS DE HOUILLE.

Nous vous conjurons, ô industriels, nos confrères, qui souffrez de nos maux, et qui, comme nous, êtes menacés dans votre existence et dans votre avenir de vous unir à nous.

Osez regarder en face le problème à résoudre, ne vous laissez pas intimider par sa grandeur, ne croyez pas surtout que le principe : LA SOCIÉTÉ PROPRIÉTAIRE DE LA HOUILLE, menace le moins du monde ce qu'il y a de sacré et de légitime dans la propriété individuelle ; pénétrez-vous bien au contraire de ceci : que la propriété à chaque producteur du fruit de son travail, de la valeur qu'il a créée, est consacrée à jamais par l'application du principe que nous avons posé.

Comment pourriez-vous supposer que nous proposions une atteinte contre les droits de l'individu, nous qui sommes propriétaires et manufacturiers ; qui sommes pères de famille, et qui comme tels défendrions énergiquement notre droit et celui de nos enfants ?

Souvenez-vous bien que c'est en voulant trop ménager que l'on perd tout, en économie comme en politique. N'oubliez pas que pour renier le droit social incontestable, on expose le droit individuel.

A chacun son droit ; à la société la nue propriété de la houille ; à l'individu, la propriété du fruit de son travail, de la valeur qu'il a créée.

Au nom de votre intérêt, au nom de votre avenir, au nom de votre droit de propriété, réunissez-vous à nous, soutenez-nous, demandez avec nous la dissolution du monopole et le retour au vrai principe.

Vous reconnaissez que la situation est grave, elle l'est plus encore que vous ne l'imaginez : si vous reculez, si vous cédez aujourd'hui, c'est la féodalité nouvelle que vous proclamez, et dont vous reconnaissez que vous êtes les vassaux et les serfs.

Vous croyiez avoir conquis la liberté, vous croyiez être des hommes; le monopole fera de vous des esclaves indignes du titre d'homme, indignes du titre de citoyen.

Sachez-le bien, du jour où le monopole sera fondé définitivement, vous aurez perdu toute initiative et toute volonté.

S'il lui plaît, il vous refusera la houille, et par ce moyen il vous frappera d'interdit et d'excommunication ; si vous avez des manufactures, vous serez obligés de les fermer ; si vous voulez fonder une industrie, il vous faudra l'agrément du monopole, et vous ne l'obtiendrez que si vous le faites participer aux bénéfices.

Laissez établir le monopole, et dans vingt ans il n'existera pas une industrie sur le périmètre du bassin de la Loire dont le monopole ne soit commanditaire, associé, directeur, le tout sans bourse délier.

Dans vingt ans, vous serez dans la misère; vous retomberez dans le prolétariat, et vous n'aurez à léguer à vos enfants que l'ignorance et les privations.

Laissez asseoir le monopole, et vous êtes assurés de ne plus travailler pour vous et les vôtres, mais bien pour les monopoleurs qui, chaque année, par une nouvelle hausse, viendront vous enlever les bénéfices de l'année précédente.

Debout! debout! il en est temps encore, mais si vous attendez, si vous êtes assez déchus, si vous avez la lâcheté d'abandonner l'héritage de vos pères : la liberté, n'accusez que vous de votre ruine, vous l'aurez méritée.

Quant à nous, si nous sommes entraînés dans un revers commun, nous aurons au moins la consolation d'avoir fait notre devoir.

D'UN PROJET

ATTIBUÉ AU GOUVERNEMENT DE PARTAGER LE BASSIN HOUILLER DE LA LOIRE EN SIX GROUPES.

Au moment où nous mettons la dernière main à notre travail, nous apprenons une nouvelle menaçante pour l'existence de la Compagnie des Mines de la Loire.

Il paraîtrait que la religion du gouvernement, enfin suffisamment éclairée sur les abus du monopole et sur les maux qu'il a versés sur la consommation, a résolu sa dissolution.

La Compagnie des Mines de la Loire serait donc dissoute.

Le bassin houiller de la Loire serait partagé en six groupes dont deux auraient leur siége à Rive-de-Gier et quatre à Saint-Étienne.

L'exploitation de chacun de ces groupes serait

remise à une compagnie particulière. Il y aurait donc à l'avenir six compagnies au lieu d'une.

Il y a tout lieu de croire que le gouvernement profiterait de cette réorganisation pour imposer aux nouvelles compagnies des conditions de garantie plus complètes que par le passé en faveur de la consommation.

Quel que soit l'avenir de ce projet, quelles que soient ses conséquences, favorables ou non aux consommateurs, le gouvernement n'en aura pas moins mérité toute leur reconnaissance.

En effet, du moment que le gouvernement aura décrété le renversement du monopole, ce décret sera le retour au vrai principe qui n'aurait jamais dû être oublié, à savoir que la société est réellement propriétaire de la houille, et non certains individus, et qu'à partir de ce moment, elle entend, par l'organe de son gouvernement, faire acte de propriété, imposer ses conditions et obliger les possesseurs temporaires, les usufruitiers, les fermiers qu'elle aura choisis à se soumettre aux charges et conditions qu'elle aura cru devoir leur imposer.

Une fois le principe consacré, une fois le monopole chassé de ses retranchements, il importera moins que le gouvernement se trompe dans les clauses qu'il pourra avoir à imposer.

S'il se trompe, il sera tôt ou tard possible d'y remédier.

Le gouvernement qui aura eu le droit de dissoudre le monopole conservera bien le droit de défendre les intérêts de la consommation.

Quoi qu'il en soit, la dissolution du monopole serait un heureux précédent.

Faisons donc des vœux pour que le gouvernement ne s'arrête point au moment de frapper, et empressons-nous de lui fournir tous les renseignements qui peuvent éclairer sa marche et amener ce que nous désirons tant, la diminution du prix de la houille.

Quoique une fois la dissolution obtenue, une erreur ou un oubli du gouvernement devinssent moins dangereux, il ne faut pas néanmoins oublier qu'une fois cette décision prise, il ne sera pas possible d'y revenir de longtemps, quels que soient les abus que la nouvelle combinaison pourrait engendrer.

Car avant d'être sûr que cette organisation nouvelle est bien la cause de ces abus, on voudra naturellement lui laisser le temps de s'asseoir et de fonctionner régulièrement pour bien juger de ses effets.

Le passé doit nous éclairer sur l'avenir. Il a fallu dix années de plaintes et la persévérance infatigable des corps constitués ; il a fallu que l'industrie acculée contre sa ruine se décide à sortir de sa torpeur pour que le gouvernement ayant acquis assez de lumières sur la question, se décide enfin à frapper la cause du mal.

Évitons, si faire se peut, il en est temps encore, de passer dix nouvelles années à souffrir de l'insuffisance ou des imperfections de la combinaison nouvelle.

C'est un devoir pour nous de signaler au gouvernement une condition sans laquelle toute combinaison échouera et deviendra impuissante à amener la diminution du prix de la houille.

Cette condition, nous l'avons déjà signalée dans tout le cours de ce mémoire.

Le prix de la houille ne peut diminuer, du moins nous le croyons, que moyennant que la concession ne sera adjugée qu'à un soumissionnaire qui, de lui-même, en pleine liberté, s'engagera à livrer la houille à un prix déterminé, pendant toute la durée de la concession. Si, dans le nouveau projet, le gouvernement n'a pas pris cette précaution; s'il se contente de stipuler pour chacune de ces compagnies, de vagues clauses, n'ayant d'autre but que de déterminer la quantité à extraire, et l'aménagement et la conservation des mines; si les actionnaires de mines sont encore propriétaires des houillères, ils pourront à leur gré profiter des besoins de la consommation pour élever le prix de la houille.

Le gouvernement peut être assuré d'avance

qu'avec six compagnies, comme avec une seule, la pénurie factice de houille sera en permanence, les besoins de la consommation ne pourront être satisfaits, et les prix continueront à s'élever absolument comme si le monopole n'avait pas cessé d'exister.

Comment pourrait-il en être autrement? N'est-il pas évident que les six compagnies auront le même intérêt qu'avait le monopole, et qu'elles obéiront aux mêmes impulsions?

De même que le monopole, elles trouveront qu'il est plus lucratif de s'entendre que de se faire la guerre. Elles auront donc bientôt formé entre elles un syndicat occulte qui règlera les quantités à extraire, les mesures à prendre, qui fixera les prix de vente, et décidera les moyens à employer pour surexciter les besoins de la consommation, afin d'en profiter.

Nous l'avons déjà dit, et nous le répétons, qu'il y ait une seule concession, qu'il y en ait dix, ou qu'il y en ait cent, du moment que la propriété de la houille, c'est-à-dire le droit d'acheter et de vendre, de garder ou de céder en toute liberté aura été abandonnée à certains individus du moment que ces individus seront libres d'établir les prix sans conditions ; leur intérêt, qu'on le veuille ou qu'on ne le veuille pas, qu'on s'y oppose ou non, parviendra à éluder toutes les entraves, toutes les précautions, toutes les restrictions.

Les extracteurs en arriveront toujours à leurs fins : extraire le moins possible, vendre le plus cher possible.

Toutes les combinaisons, toutes les habiletés viendront échouer contre l'intérêt privé. Et nous en sommes persuadés, peu de mois après l'organisation nouvelle, les prix de la houille seront au moins aussi élevés qu'ils le sont actuellement, et le gouvernement recommencera à être assailli de plainte et de récrimination aussi justes, aussi légitimes, aussi ardentes, aussi nombreuses qu'elles le sont aujourd'hui.

Ne nous lassons pas de le répéter : Nous ne connaissons pas deux moyens pour empêcher les extracteurs de profiter des besoins de la consommation, nous n'en connaissons qu'un.

Et ce moyen, c'est l'obligation librement contractée par le concessionnaire de vendre la houille à un prix fixé au moment de l'adjudication pendant toute la durée de la concession.

Nous n'avons pas à revenir sur toutes les raisons qui militent en faveur de cette obligation ; espérons que puisque le gouvernement se reconnaît propriétaire en tant que représentant la société, il ne sera pas moins prévoyant que tous les autres propriétaires, qui ont bien soin, quand ils font un bail, de stipuler le montant des loyers.

Jamais un propriétaire ne s'est avisé de laisser ses fermiers libres de fixer eux-mêmes le taux de ses fermages. Espérons donc !

AUX TRAVAILLEURS

EXERÇANT

LA PETITE INDUSTRIE A DOMICILE,

aux

ARMURIERS, COUTELIERS, SERRURIERS, QUINCAILLIERS, CLOUTIERS, MARÉCHAUX, MÉCANICIENS, ETC., ETC.)

Nous venons de soumettre le présent mémoire à un homme compétent et qui connaît parfaitement la question houillère ; il nous a reproché de n'avoir, en vrais égoïstes, fait mention que de la grande industrie, et de ne nous être point occupés de ces industriels si nombreux qu'ils constituent la moitié de la population, au moins dans une grande partie du périmètre du bassin de la Loire, et dont la consommation totale dépasse en définitive de beaucoup l'importance de celle de la grande industrie.

Nous ne croyons pas avoir mérité ce reproche, et nous pouvons dire que, loin d'avoir oublié les intérêts de la petite industrie, c'est constamment elle que nous avons eue en vue, et toujours d'elle que nous avons voulu parler, quand nous nous sommes servi de l'expression générale de consommation ou de consommateurs.

Nous n'admettons pas qu'un hectolitre de même houille puisse avoir deux prix : une plus forte consommation ne doit pas être un titre à une diminution de prix ou à tout autre avantage.

Si les grands consommateurs pouvaient obtenir la houille à plus bas prix que leurs concurrents moins importants, cet avantage constituerait entre leurs mains un véritable privilége, qui, à la longue, amènerait la destruction de la moyenne et de la petite industrie, et transformerait chaque industrie en un monopole exercé par les industriels ayant obtenu la houille à plus bas prix.

Nous le déclarons donc formellement, nous croyons que le cahier des charges imposé aux soumissionnaires de concession devra leur prescrire l'obligation de vendre, à un prix unique, la houille qu'ils extrairont, quelle que soit la quantité demandée. Par ce moyen, toute la petite industrie qui n'achète à la fois qu'une voiture de charbon, l'obtiendrait sur le carreau de la mine aux mêmes conditions que les plus puissants manufacturiers.

Si nous n'en avons pas parlé plus spécialement, c'est que nous étant attachés au principe plus qu'aux détails, nous avons pensé que l'obligation de livrer la houille à un prix unique, quelle que soit la quantité demandée, était un détail à insérer avec beaucoup d'autres en faveur de la consommation, dans le cahier des charges.

MÉMOIRE

RÉSENTÉ AU GOUVERNEMENT

Le 5 novembre 1853

PAR

LES DÉLÉGUÉS DE L'INDUSTRIE DE SAINT-ÉTIENNE.

MÉMOIRE

PRÉSENTÉ AU GOUVERNEMENT.

Depuis que la Compagnie des Mines de la Loire s'est formée par l'accaparement du plus grand nombre et des meilleures mines du bassin houiller de la Loire, les résultats de ce monopole ont été d'abord prédits, puis constatés après leur réalisation :

1° Par des délibérations du conseil municipal de Saint-Étienne en date des 14 août 1845, 26 février 1846, 7 et 23 août même année, 25 mars, 15 juin, 4 novembre 1847, 7 février 1848, 30 novembre 1849, 13 août, 14 novembre 1850, 5 octobre 1853 ;

2° Par les plaintes du conseil de la Loire renouvelées à chaque session ;

3° Par celles du conseil municipal de Lyon et du conseil général du Rhône à diverses époques, et notamment en date du mois de septembre 1853 ;

4° Par celles de la chambre de commerce de Saint-Étienne, en date des 5 janvier, 5 août 1846, 31 juillet, 31 octobre 1850, 9 janvier 1851, 3 septembre 1852;

5° Par celles d'un grand nombre de conseils municipaux du département de la Loire et des départements limitrophes;

6° Par les rapports unanimes de tous les ingénieurs du Gouvernement qui se sont succédé depuis la formation de la Compagnie jusqu'à ce jour.

Les conséquences désastreuses du monopole de la houille, la hausse inouïe et sans cesse croissante du prix, les restrictions de l'exploitation, l'arbitraire et l'infériorité des livraisons, la disette habilement produite, les marchés de faveur, la toute puissance de la coalition succédant au bienfait de la concurrence, tous ces faits sont nettement établis par tous les documents, toutes les plaintes dont il vient d'être parlé.

Dès aujourd'hui, de tous les témoignages rendus par les corps constitués, et, sans aucun doute aussi, des rapports des ingénieurs du Gouvernement qui doivent s'être éclairés sur les lieux mêmes, il résulte ou il doit résulter :

EN CE QUI TOUCHE LES PRIX :

1° Qu'ils ont toujours été en croissant depuis 1845 jusqu'à ce jour;

2° Qu'en prenant pour mesure les menus sortants formant les trois quarts au moins de la production, les prix se sont élevés :

pour les menus supérieurs. . . de 80 c. à 1 fr. 60 c.
pour les menus ordinaires. . . de 40 à 1 10

soit près de 200 pour cent (1);

3° Que jamais il n'y a eu de baisse dans les prix ;

4° Que la compagnie refuse des marchés, si ce n'est à quelques consommateurs privilégiés ;

5° Qu'elle est tellement maîtresse du marché, qu'elle impose à certains consommateurs de la localité un prix de 25 pour cent supérieur aux prix courants.

EN CE QUI TOUCHE LA QUALITÉ :

1° Que la compagnie refuse à la consommation, et exporte les menus de forge, de telle sorte que diverses industries, telles que l'aciérie, la quincaillerie, s'en trouvent profondément affectées ;

2° Que la compagnie ne tient aucun compte des besoins de la consommation locale, à ce point

(1) Le mémoire des industriels de Saint-Étienne n'accuse que 200 pour 100 de hausse, tandis que nous avons affirmé 250 ; il est possible que sur les lieux mêmes d'extraction le monopole n'ait pas osé décréter une aussi forte hausse qu'au dehors, mais nous affirmons, sans crainte d'être contredits, qu'en dehors du bassin, à Lyon, le prix de la houille menue a augmenté de 250 pour 100, et même de 275 aujourd'hui.

(*Note de l'auteur.*)

qu'elle ne livre plus à la consommation de Saint-Étienne, pour l'acierie, aucune quantité de coke propre à la fusion, si l'on excepte, toutefois, quelques maisons favorisées, notamment la maison Jackson, dont le chef est l'un des administrateurs de la compagnie ;

3° Que la houille est livrée, depuis quelque temps surtout, sans qu'aucun triage de pierres soit fait, et que, grâce à la disette, les industriels sont obligés d'accepter ces livraisons, ce qui enchérit indirectement le prix de la houille ;

4° Que le consommateur ne peut plus choisir les qualités qui conviennent à son industrie ;

5° Que la Compagnie s'efforce même de livrer directement, en imposant un prix de transport arbitraire, de manière à empêcher la vérification de la provenance et à augmenter d'une manière indirecte le prix de la houille ;

6° Que la perte sur la qualité, par suite du mélange des pierres et de la terre avec la houille, enchérit de 20 p. 0/0 au moins la houille livrée ;

7 Que souvent, le poids de la houille est altéré par la présence d'un dixième d'eau sur le poids.

EN CE QUI TOUCHE L'APPROVISIONNEMENT :

1° Qu'en 1845, date de la formation de la Compagnie, il y avait quarante-neuf puits en extraction dans les concessions du bassin de Saint-Étienne appartenant à la Compagnie, et qu'en 1853 il y en a vingt à peine ;

2° Que, tandis que les dissidents augmentaient leur extraction des deux tiers, la Compagnie n'a point augmenté la sienne, malgré le développement de l'industrie ;

3° Que, depuis deux ans environ, la Compagnie n'a plus eu sur les plâtres que des quantités insignifiantes de houille en provision ; et que, depuis près d'un an, il n'y a plus aucun approvisionnement ;

4° Que le consommateur est obligé d'attendre à l'orifice du puits le charbon qui lui est livré, au fur et à mesure d'extraction ;

5° Que les livraisons de menu sortant n'ont lieu que sur un très-petit nombre de puits, quatre au plus, où l'affluence des demandes est telle, que les voituriers attendent depuis deux heures du matin, jusqu'à deux, trois ou quatre heures du soir pour charger ;

6° Qu'à ces mêmes puits, la Compagnie retient une benne sur deux pour l'exportation.

EN CE QUI TOUCHE LES CAUSES VÉRITABLES DE LA DISETTE ET DU RENCHÉRISSEMENT :

1° Que la disette et le renchérissement ne sont dus qu'en très-faible partie à l'extension prise par les affaires ; qu'elles sont le résultat de la suppression de la concurrence entre les concessions accaparées, et de l'omnipotence que donne à la compagnie la réunion dans ses mains des mines les plus nombreuses et les mieux fournies de bonnes qualités ;

2° Que la compagnie, après avoir fermé plus de la moitié de ses puits, a concentré son exploitation sur un nombre de points restreints où elle a porté l'exploitation à son maximum d'intensité, laissant les autres exploitations envahies par les eaux ou abandonnées de manière à se trouver dans l'impossibilité d'étendre ses productions selon les besoins de la consommation ;

3° Que la compagnie, sans étendre sa production, et *en la restreignant même* dans le bassin de Saint-Étienne, a recherché les ventes au loin, et augmenté considérablement son exportation, ce qui devait nécessairement amener la disette ;

4° Que, malgré les plaintes des consommateurs en 1852, elle n'a pris aucune mesure *sérieuse* pour être à même d'augmenter sa production ;

5° Qu'elle s'est mise ainsi volontairement dans l'impuissance de faire face aux demandes faites ou annoncées dès cette époque et a rejeté les demandes sur les dissidents qui ont dû, dès lors, augmenter leurs prix, la Compagnie ne leur faisant pas la concurrence que ses obligations de concessionnaires lui imposaient ;

6° Que, pour amener plus sûrement encore la

disette et la hausse, elle a passé avec des marchands de Givors et de Roanne des marchés par lesquels elle leur livrait une partie énorme de sa production en s'engageant à ne point livrer à d'autres qu'à eux dans le Midi et dans le Nord;

7° Que les concurrents de ces marchands ont dû, dès lors, se rejeter aussi sur les dissidents, augmenter les demandes, faire le vide sur les plâtres de ces derniers et contribuer ainsi à une hausse exagérée dans le prix du charbon et dans celui des transports;

8° Qu'en outre, pendant les six premiers mois de 1853, la Compagnie, qui refusait la houille à la consommation locale, s'expédiait à elle même, dans ses entrepôts de Lyon, de Mulhouse, etc., des quantités énormes de houille dont elle a encore en magasins une grande partie (1).

9° Qu'elle achevait ainsi de faire la rareté de la houille dans le bassin, et amenait forcément le renchérissement;

---

(1) Il semblerait, d'après ce paragraphe, que les industriels de Saint-Étienne prétendraient avoir le droit d'être approvisionnés de houille de préférence aux industriels des localités qui sont éloignées du bassin houiller; cette prétention n'est pas fondée. La houille n'appartient pas plus à certains industriels qu'aux autres. Tous y ont le même droit, et les besoins de la consommation doivent être la seule loi qui réglemente l'emploi de la houille.

(*Note de l'auteur.*)

10° Que, malgré la reprise complète des affaires, les houilles du nord et du midi de la France n'ont point augmenté de prix.

EN CE QUI TOUCHE LES CONSÉQUENCES DE LA RARETÉ, DE LA HAUSSE ET DE L'ABAISSEMENT DES QUALITÉS :

1° Que certaines industries sont complétement ruinées par le renchérissement ; notamment la grosse forge, la quincaillerie, l'armurerie, la clouterie ;

2° Que la prospérité de toutes les autres industries est plus que menacée, et qu'il leur devient impossible de soutenir la concurrence, soit du dehors, soit de l'étranger, soit de quelques établissements favorisés par des prix exceptionnels ;

3° Que la plupart des établissements métallurgiques sont à la veille de se fermer, par suite de la situation qui leur est faite par la Compagnie.

Les soussignés déclarent tant en leur nom qu'en celui de l'immense majorité des industriels de l'arrondissement, que tous les faits ci-dessus sont vrais de tous points, et seraient clairement établis par une enquête ; ils le sont déjà par les rapports des ingénieurs spéciaux du gouvernement et les nombreuses délibérations des corps constitués.

Devant cette accusation, la Compagnie en a été réduite à déclarer qu'elle entendait développer son extraction à l'avenir de manière à faire face à tous les besoins. Cette promesse a été faite par elle chaque fois qu'elle a été menacée de voir rendre justice aux plaintes du pays. Le danger passé, elle est restée fidèle à l'esprit qui a présidé à sa formation, en restreignant son exploitation et augmentant les prix.

Les soussignés sont profondément convaincus que par le passé, on doit juger de l'avenir, et que, tant qu'on laissera subsister l'association illicite des trente-deux concessions houillères de la Compagnie, le pays ne se relèvera pas de la ruine à laquelle il est condamné par la coalition.

Paris, 5 novembre 1853.

Paris.—Imprim. L. GRIMAUX et Cie, rue du Croissant, 16.

Paris.— Imprim. L. Grimaux et Comp., 46, rue du Croissant.

www.ingramcontent.com/pod-product-compliance
Ingram Content Group UK Ltd.
Pitfield, Milton Keynes, MK11 3LW, UK
UKHW020325230726
13925UKWH00002B/637

9 782014 034370